체크 ☑ 체크 ☑
어휘력 초성 퀴즈
교과서 800단어

초판 4쇄 발행 2025년 5월 15일 | **그림** 안주영, 양혜민

발행처 ㈜애플비북스 | **발행인** 오형석
편집장 이미현 | **편집** 이현진 | **디자인** 김한별
주소 서울시 마포구 창전로 74 여촌빌딩 3층
신고번호 제406-2010-000086호 | **등록일자** 2010년 9월 6일
대표전화 02-707-9999 | **도서문** 070-8877-2503 | **팩스** 02-707-9992
홈페이지 www.applebeebook.com

ⓒ 2024, ㈜애플비북스

• 이 책을 저작권자의 동의 없이 무단으로 복제하거나 다른 용도로 쓸 수 없습니다.

그림 | 안주영·양혜민

애플비
applebeebooks

소개합니다!

이 책에는 '개나리'같이 쉬운 단어부터,
'서양수수꽃다리'나 '분꽃'같이 한번은 그림과 함께
짚고 넘어가면 좋을 단어들까지 골고루 담았어요.

이미 알고 있던 단어는 재미난 초성 퀴즈를 통해
한번 더 확인하며 자신감을 기르고,
잘 모르고 있던 단어는
그림이나 설명과 함께 익히며 새롭게 배워 보세요!

★ 각 퀴즈의 정답은 오른쪽 페이지에 거꾸로 적혀 있어요.
미로와 그림 찾기의 정답은 216~224쪽을 확인하세요.

· 다양한 퀴즈를 만나 보세요! ·

그림 퀴즈

그림을 보고 주제에 맞는
동물이나 식물, 물건의
이름을 알아맞혀 보세요.

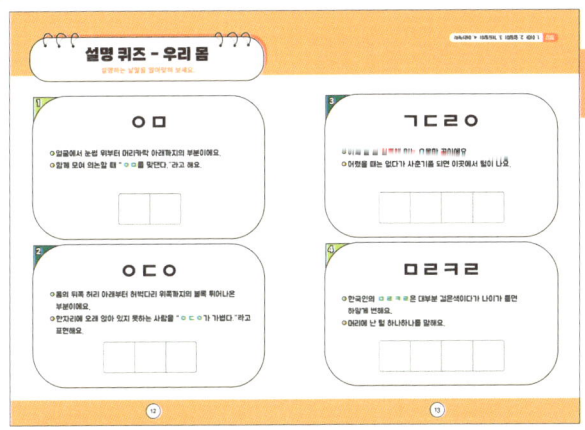

설명 퀴즈

설명을 잘 읽고 주제에 맞는 알맞은 낱말을 써 보세요.

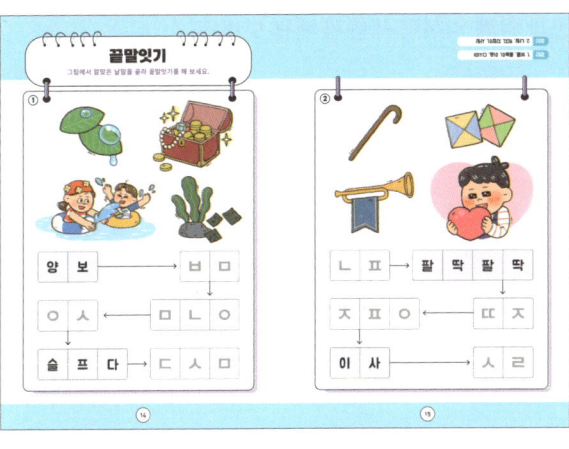

끝말잇기

끝말잇기를 하며 퀴즈를 풀어요. 힌트는 그림 속에 있답니다.

말풍선 퀴즈

대화나 짧은 글을 잘 보고 빈칸에 들어갈 말을 써 보세요.

도전! 자유롭게 떠올리기

자음에 들어맞는 두 글자 낱말을 자유롭게 써 보세요. 그림 속 힌트를 참고해도 좋아요.

수수께끼 미로

수수께끼를 읽고 미로를 따라가며 정답을 궁리해서 써 보세요.

문자 퀴즈

가족 또는 친구와 주고받은 대화를 잘 보고 빈칸에 들어갈 알맞은 말을 써 보세요.

연상 퀴즈

수어신 낱말을 보고 연결해서 떠오르는 낱말을 맞혀 보세요.

다섯 고개 놀이

질문과 대답을 보고 무엇을 설명하는 것인지 맞혀 보세요.

와글와글 그림 찾기

주제와 어울리는 장면 속에서 제시된 낱말의 그림을 찾아 ○해 보세요.

그림 퀴즈 - 동물 1

그림을 보고 동물 이름을 알아맞혀 보세요.

①

②

③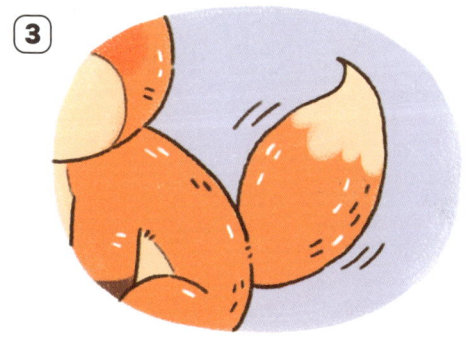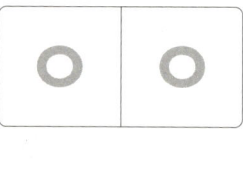

정답 1. 토끼 2. 고래 3. 여우 4. 하마 5. 거북 6. 고라니

- 사슴의 한 종류로 우리나라에 특히 많이 살아요.

그림 퀴즈 - 동물 2

그림을 보고 동물 이름을 알아맞혀 보세요.

1)

2)

3)

정답 | 1. 기린 2. 원숭이 3. 곰 4. 고슴도치 5. 자라 6. 오소리

④ ㄱ ㅅ ㄷ ㅊ

⑤ ㅈ ㄹ

어려워요
★★★★
⑥ ㅇ ㅅ ㄹ

• 너구리와 비슷하게 생긴 동물로 숲이나 초원에서 굴을 파고 살아가요.

설명 퀴즈 - 우리 몸

설명하는 낱말을 알아맞혀 보세요.

1

ㅇ ㅁ

- 얼굴에서 눈썹 위부터 머리카락 아래까지의 부분이에요.
- 함께 모여 의논할 때 "ㅇㅁ를 맞댄다."라고 해요.

2

ㅇ ㄷ ㅇ

- 몸의 뒤쪽 허리 아래부터 허벅다리 위쪽까지의 볼록 튀어나온 부분이에요.
- 한자리에 오래 앉아 있지 못하는 사람을 "ㅇㄷㅇ가 가볍다."라고 표현해요.

정답 1. 이마 2. 손등이 3. 겨드랑이 4. 머리카락

3

ㄱㄷㄹㅇ

- 어깨 밑 팔 안쪽에 있는 오목한 곳이에요.
- 어렸을 때는 없다가 사춘기쯤 되면 이곳에서 털이 나요.

4

ㅁㄹㅋㄹ

- 한국인의 ㅁㄹㅋㄹ 은 대부분 검은색이다가 나이가 들면 하얗게 변해요.
- 머리에 난 털 하나하나를 말해요.

끝말잇기

그림에서 알맞은 낱말을 골라 끝말잇기를 해 보세요.

말풍선 퀴즈 - 인사

그림과 말풍선을 잘 보고 알맞은 말을 써 넣으세요.

도전! 자유롭게 떠올리기

초성에 알맞은 낱말을 생각나는 대로 자유롭게 적어 보세요.

① ㄱ ㅈ

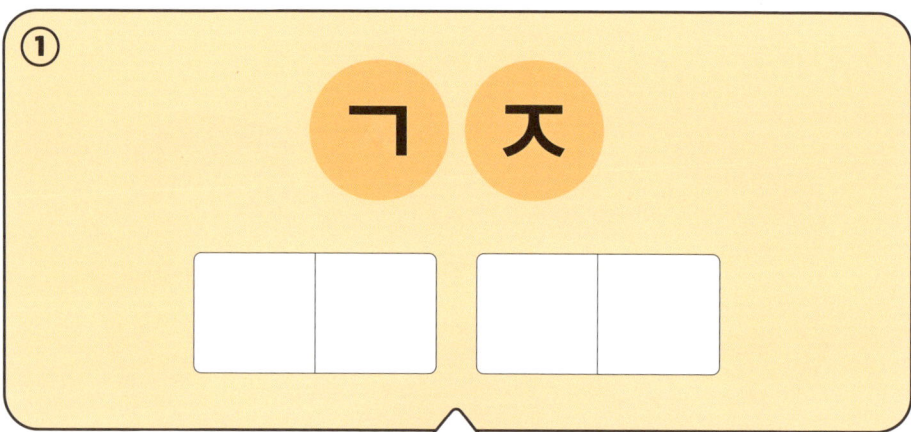

그림 힌트!

예시 1. 바다, 가지, 공주, 가족, 오징어, 공기, 고집, 가정 등

예시 2. 사슴, 신호, 생선, 수사, 시사, 유수 등

수수께끼 미로

수수께끼를 읽고 미로를 따라가며 정답을 맞혀 보세요.

정답 216쪽

⭐ 공은 공인데 굴러가지 않고 계속 가운데에만 있으려고 하는 공은?

⭐ 분명히 똑바로 서 있으면서 계속 옆으로 되어 있다고 하는 것은?

와글와글 그림 찾기

정답 216쪽

실내화   쪽지   일기장   게시판   이름표   필통

책가방

신발주머니

쓰레기통

풀

알림장

수첩

그림 퀴즈 - 과일 1

그림을 보고 과일 이름을 알아맞혀 보세요.

①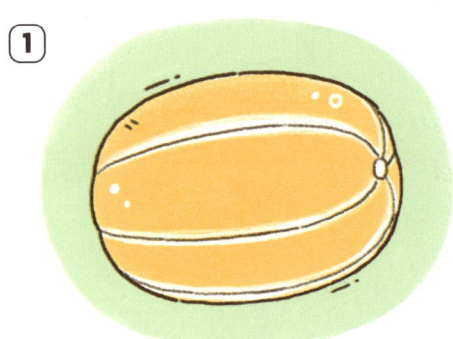

②

③

정답 1. 참외 2. 앵두 3. 자두 4. 복숭아 5. 배 6. 모과

• 시고 떫은 맛이 강해 그대로 먹기보다는 차를 끓이거나 방향제로 사용해요.

그림 퀴즈 - 과일 2

그림을 보고 과일 이름을 알아맞혀 보세요.

1.

2.

3.

정답 | 1. 포도 2. 바나나 3. 딸기 4. 망고 5. 파인애플 6. 나무딸기

· 나무에서 열리는 딸기 종류의 열매를 통틀어 말해요.

설명 퀴즈 - 장소

설명하는 낱말을 알아맞혀 보세요.

1

ㅅㄷ

- 음식을 만들어 손님들에게 파는 가게예요.
- 한국 음식을 주로 파는 곳은 '한ㅅㄷ', 일본 음식을 주로 파는 곳은 '일ㅅㄷ'이라고 해요.

2

ㅂㅁㄱ

- 학문적으로 중요한 것들을 잘 모으고 전시해서 구경할 수 있는 곳이에요.
- 역사 ㅂㅁㄱ, 과학 ㅂㅁㄱ 등이 있어요.
- "이번 견학은 국립 중앙 ㅂㅁㄱ으로 가요."

정답 1. 시장 2. 市통령 3. 놀이공원 4. 공연장

3

ㄴㅇㄱㅇ

- 돌아다니며 구경하거나 놀 수 있는 곳이에요.
- '○○랜드, ○○월드, ○○ 대공원' 등의 이름을 가지고 있어요.
- 회전목마, 롤러코스터 등 놀이 기구가 많아요.

4

ㄱㅇㅈ

- 연극, 무용, 음악 등 여러 가지 공연을 하는 곳이에요.
- 앞쪽에 무대가 있고, 맞은편에 사람들이 앉을 수 있는 의자가 많아요.

끝말잇기

그림에서 알맞은 낱말을 골라 끝말잇기를 해 보세요.

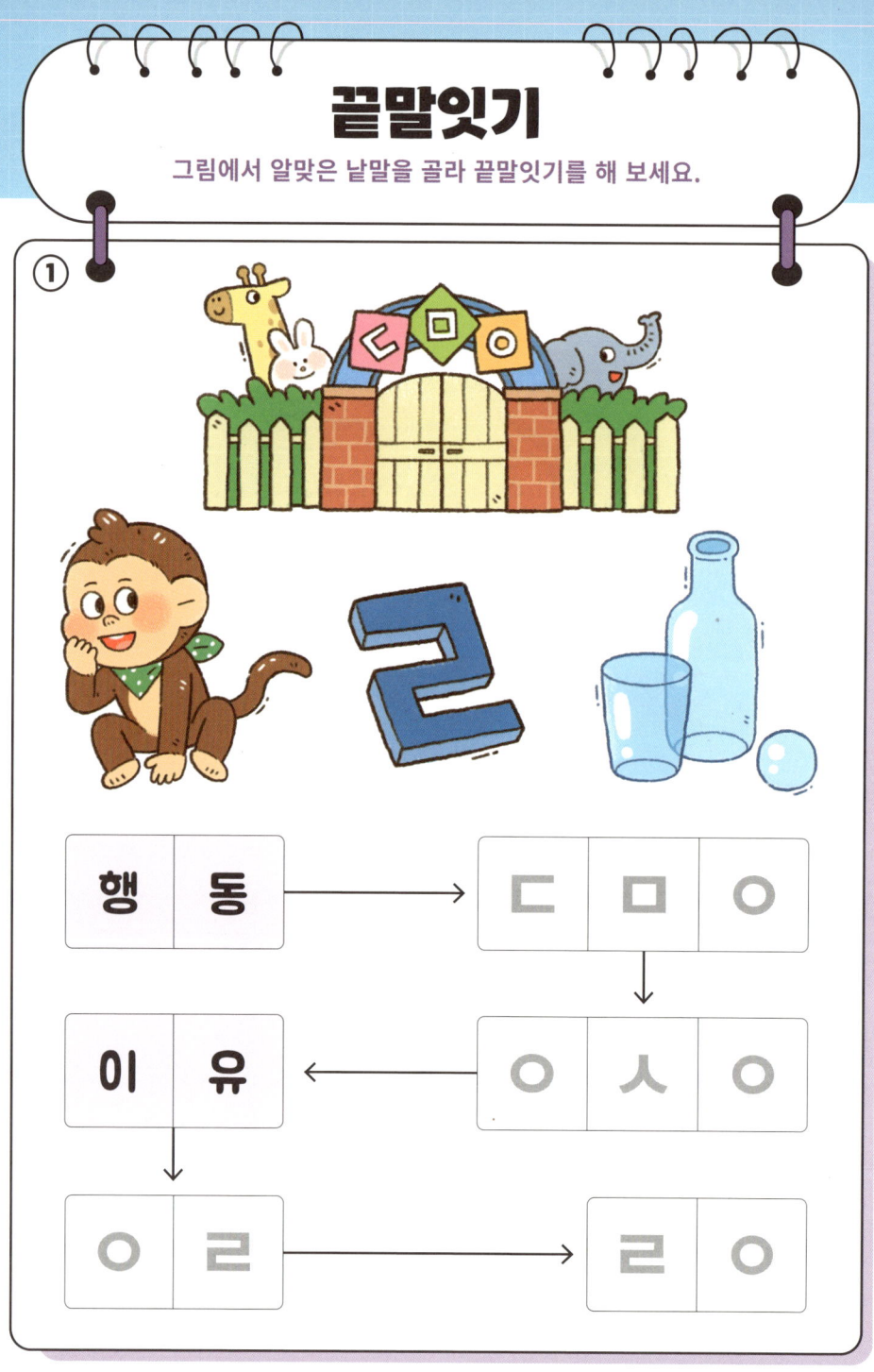

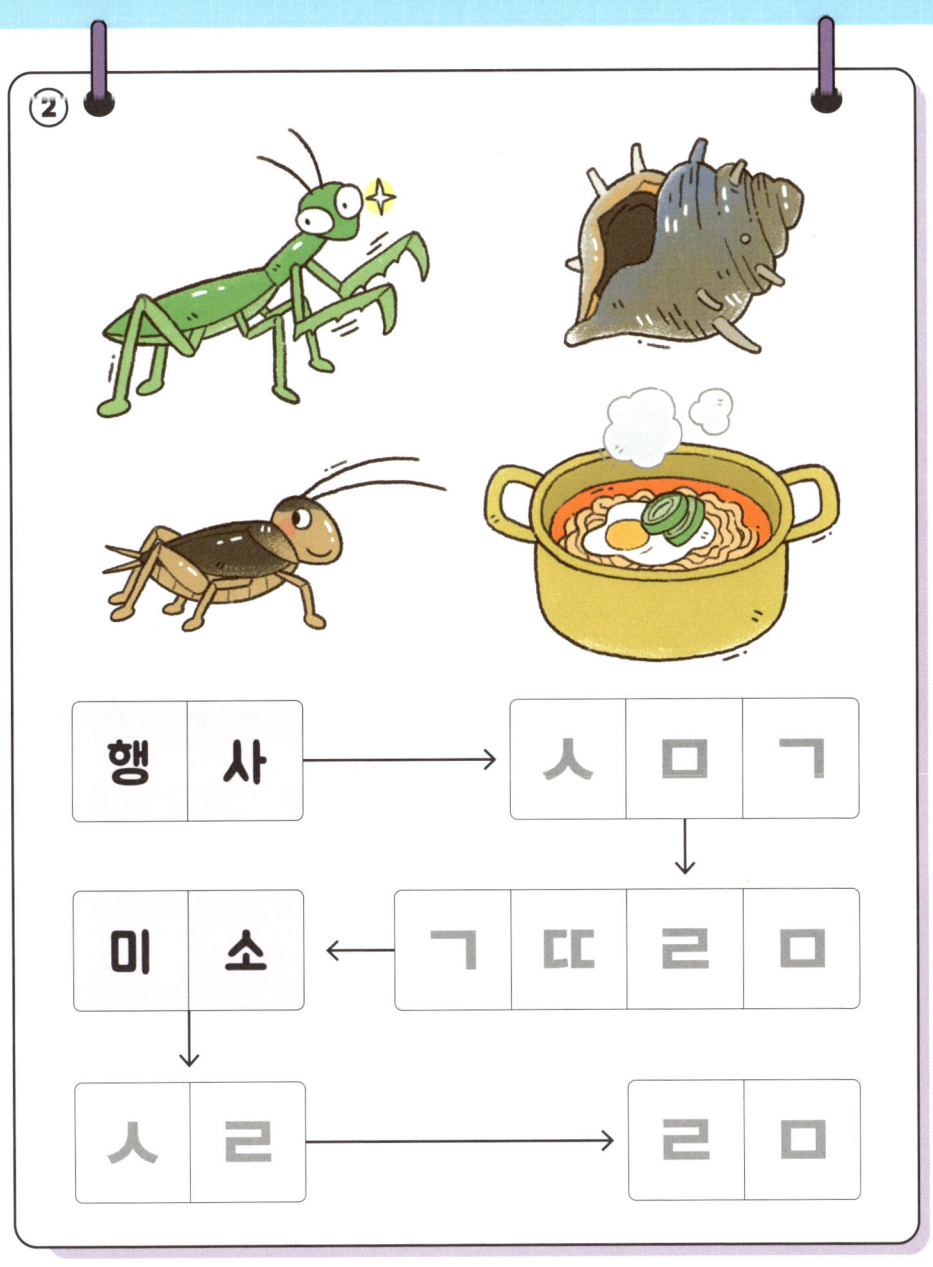

말풍선 퀴즈 - 흉내 내는 말

그림과 말풍선을 잘 보고 알맞은 말을 써 넣으세요.

① 오늘은 가을 소풍을 갔다. 단풍이 정말 ㅇㄱㅂㄱ했다.

② 잠자리가 윙윙 날아다니는 것을 보고 아기가 ㄲㄲ 웃었다.

③ 아기가 깔깔 웃는 것을 보고 엄마가 사진을 ㅊㅋ 찍었다.

④ 엄마가 사진을 찰칵 찍는 동안 나는 통닭을 맛있게 ㄴㄴ 먹었다.

도전! 자유롭게 떠올리기

초성에 알맞은 낱말을 생각나는 대로 자유롭게 적어 보세요.

① ㅇ ㄱ

그림 힌트!

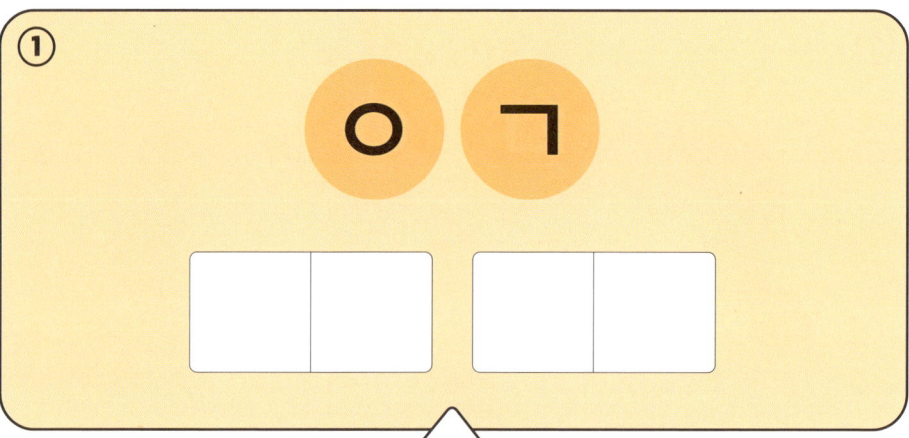

문자 퀴즈

대화를 잘 보고 빈칸에 알맞은 말을 써 넣으세요.

이거 봐라, 우리 집 ㄷ 이 ㄷㄱ 을 낳았어.

와 신기하다. 곧 ㅂㅇㄹ 가 나오겠네!

와글와글 그림 찾기

정답 217쪽

배드민턴　　시소　　미끄럼틀　　축구공　　인형　　강아지

 소꿉놀이
 구름사다리
 헬멧
 정글짐
 줄넘기
 그네

그림 퀴즈 - 곤충

그림을 보고 곤충 이름을 알아맞혀 보세요.

①

②

③

정답 1. 나비 2. 불 3. 메뚜기 4. 장자리 5. 개미 6. 장구애비

· 물속에서 앞다리를 첨벙거리는 모습이 장구를 치는 것 같다 하여 이름 붙여졌어요.

그림 퀴즈 - 곤충과 작은 동물

그림을 보고 곤충과 작은 동물의 이름을 알아맞혀 보세요.

①

| ㄱ | ㅁ |

②

| ㅇ | ㅊ |

③

| ㅂ | ㄷ | ㅂ | ㅇ |

정답 1. 나비 2. 야치 3. 반딧불이 4. 파리 5. 물방개 6. 게아재비

④ ㅍ | ㄹ

⑤ ㅁ | ㅂ | ㄱ

어려워요 ★★★★
⑥ ㄱ | ㅇ | ㅈ | ㅂ

• 장구애빗과의 곤충으로 여름날 물가에서 볼 수 있어요.

설명 퀴즈 - 음식

설명하는 낱말을 알아맞혀 보세요.

1

ㅈㅁㅂ

- 주먹처럼 둥글게 뭉친 밥 덩어리예요.
- 참치, 김치 등 다양한 재료를 넣어 맛있게 만들어요.
- 도시락을 싸기에도 좋아요.

2

ㅋㄱㅅ

- 밀가루 반죽을 칼로 썰어서 만든 국수라서 이름이 'ㅋㄱㅅ'예요.
- 바지락 ㅋㄱㅅ, 버섯 ㅋㄱㅅ 등이 있어요.

3

ㄷ ㅇ

- 콩을 삶고 갈아서 만든 마시는 음료예요.
- 우유와 비슷하게 생겼는데 약간 더 색이 진하고 걸쭉해요.
- 검은콩 ㄷ ㅇ, 땅콩 ㄷ ㅇ 등도 있어요.

4

ㄷ ㄱ ㄴ

- 설탕을 녹인 뒤에 식용 소다를 넣어서 만든 즉석 과자로 무척 달콤해요.
- 연한 황토색이고, 식으면 딱딱하고 잘 부서져요.

끝말잇기

그림에서 알맞은 낱말을 골라 끝말잇기를 해 보세요.

②

정답 1. 호장이, 아무, 수단네니, 나라니
정답 2. 앵무새, 새우, 신문당구, 커튼

| ㅇ | ㅁ | ㅅ | → | ㅅ | ㅇ |

| ㅅ | ㄱ | ㄹ | ㅅ | ← | 우 | 주 | 선 |

| ㅅ | ㅌ | ㅋ | → | ㅋ | ㅌ |

47

말풍선 퀴즈 - 흉내 내는 말

그림과 말풍선을 잘 보고 알맞은 말을 써 넣으세요.

1. 맷돌을 훔치려는 도둑의 가슴이 ㅋㄷㅋㄷ 뛰어요.

| ㅋ | ㄷ | ㅋ | ㄷ |

2. 맷돌을 실은 배가 ㄷㅅㄷㅅ 떠 가요.

| ㄷ | ㅅ | ㄷ | ㅅ |

도전! 자유롭게 떠올리기

초성에 알맞은 낱말을 생각나는 대로 자유롭게 적어 보세요.

① ㅂ ㄹ

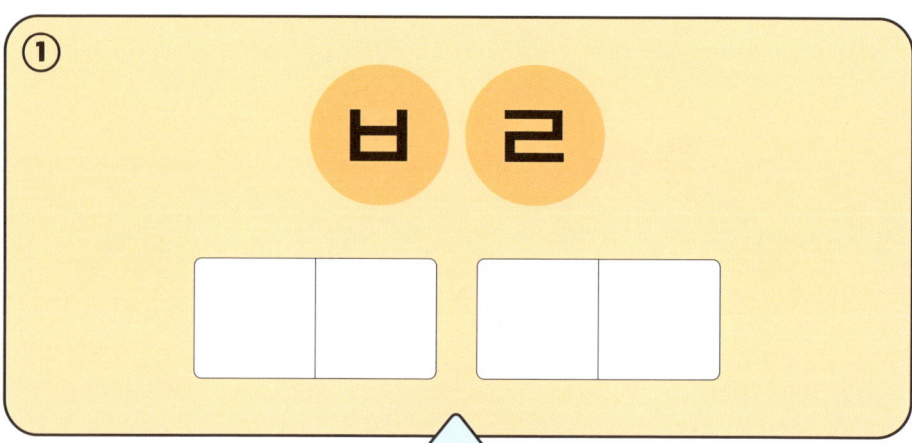

그림 힌트!

연상 퀴즈

낱말을 보고 연결해서 떠오르는 낱말을 맞혀 보세요.

1

2

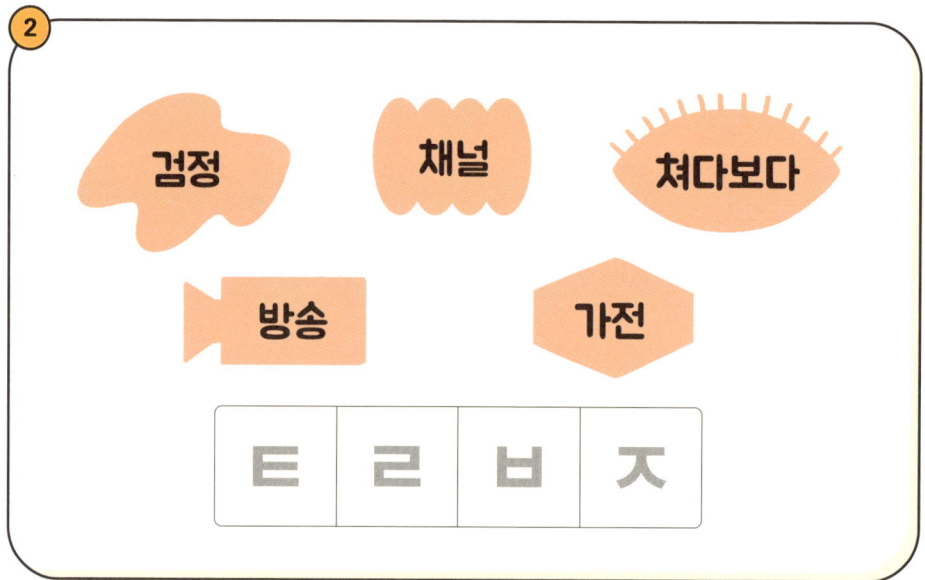

와글와글 그림 찾기

정답 217쪽

 청바지
 휴대전화
 숟가락
 젓가락
 모기장
 머리핀

 양동이
 그릇
 종이컵
 고깔모자
 장갑
 바늘

그림 퀴즈 - 채소

그림을 보고 채소 이름을 알아맞혀 보세요.

1.

2.

3.

정답: 1. 파 2. 양파 3. 무 4. 고추 5. 상추 6. 도라지

④ ㄱ ㅊ

⑤ ㅅ ㅊ

어려워요
★★★★
⑥ ㄷ ㄹ ㅈ

• 씁쓸한 맛이 있는 뿌리채소예요. 나물이나 무침을 많이 해 먹어요.

그림 퀴즈 - 채소와 곡식

그림을 보고 채소와 곡식의 이름을 알아맞혀 보세요.

1.

2.

3.

정답 1. 밤 2. 옥수수 3. 고구마 4. 당근 5. 브로콜리 6. 우엉

④ ㄷ ㄱ

⑤ ㅂ ㄹ ㅋ ㄹ

어려워요
⑥ ㅇ ㅇ

• 아삭아삭하게 씹히는 뿌리채소로, 조림을 하거나 김밥에 넣어 먹어요.

설명 퀴즈 - 바다

설명하는 낱말을 알아맞혀 보세요.

1

ㅍ ㄷ

- 바다에서 움직이는 물결이에요.
- 물이 큰 덩어리인 부분은 보통 파랗게, 작게 부서지는 부분은 보통 하얗게 보여요.
- "철썩철썩 ㅍ ㄷ 가 친다.", 'ㅍ ㄷ 타기'.

2

ㅁ ㄹ ㅅ

- 모래로 쌓은 성이에요.
- 주로 아이들이 바닷가에서 놀이할 때 ㅁ ㄹ ㅅ 을 쌓고 놀아요.

정답 | 1. 파도 2. 운반해 3. 섬 4. 갯벌

3

ㅅ

- 바다나 강 등에서, 주위는 다 물인데 거기만 물 위로 튀어나와 있는 땅 부분이에요.
- 제주도는 우리나라 남쪽에 있는 커다란 이에요.

4

ㄱ ㅂ

- 바닷가에서 물에 잠겼다 드러났다 하는 평평하고 넓은 땅이에요.
- 모래나 진흙으로 되어 있고, 게, 조개, 낙지, 물고기 등 다양한 생물이 살아가요.

끝말잇기

그림에서 알맞은 낱말을 골라 끝말잇기를 해 보세요.

①

| 빠 | ㄷ | → | 대 | 부 | 분 |

↓

| 홍 | 보 | ← | ㅂ | ㅎ |

↓

| ㅂ | ㅈ | ㄱ | → | ㄱ | 빠 |

말풍선 퀴즈 - 흉내 내는 말

그림과 말풍선을 잘 보고 알맞은 말을 써 넣으세요.

① 저런, 나무꾼의 도끼가 물속으로 **ㅍㄷ** 빠졌어요.

② 나무꾼은 털썩 주저앉아 **ㅇㅇ** 울었지요.

정답: 1. 종이(종이, 유이, 쥬이) 2. 인유(인유, 인유이) 3. 유(유, 용 이) 4. 들다(에해, 하쥭)

도전! 자유롭게 떠올리기

초성에 알맞은 낱말을 생각나는 대로 자유롭게 적어 보세요.

① ㅇ ㅅ

그림 힌트!

예시 1. 이가, 우시, 성시, 아수, 수이, 아이, 동이, 신아 등

예시 2. 드솔, 타음, 드새, 드음, 드사, 니자, 드지, 돋일 등

② ㄴ ㄹ

□□ □□

그림 힌트!

다섯 고개 놀이

질문과 대답을 보고 정답을 맞혀 보세요.

고개	질문	대답
1	동물인가요?	예, 동물입니다.
2	다리가 두 개인가요?	아니요, 다리가 네 개입니다.
3	풀을 먹나요?	아니요, 고기를 먹습니다.
4	몸에 무늬가 있나요?	네, 검은 무늬가 있습니다.
5	점무늬인가요?	아니요, 줄무늬입니다.

정답! ㅎ ㄹ ㅇ 입니다.

고개	질문	대답
☝	탈것인가요?	예, 탈것입니다.
✌	바퀴가 네 개인가요?	아니요, 보통은 두 개입니다.
🖖	자동차보다 빠른가요?	아니요, 자동차보다 느립니다.
🖐	부릉부릉 빵빵 소리가 나나요?	아니요, 따르릉따르릉 소리가 납니다.
🖐	자동으로 움직이나요?	아니요, 사람이 발로 굴러서 움직입니다.

정답!

| ㅈ | ㅈ | ㄱ | 입니다.

와글와글 그림 찾기

정답 218쪽

 민소매
 부채
 죽부인
 아이스크림 
 튜브
 양산

   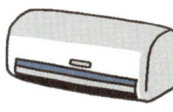  

선풍기 　 슬리퍼 　 음료수 　 에어컨 　 화채 　 폭포

그림 퀴즈 - 새 1

그림을 보고 새 이름을 알아맞혀 보세요.

①

②

③

정답 | 1. 제비 2. 까치 3. 꿩 4. 백조 5. 청둥오리 6. 종달새

· 우리나라의 대표적인 텃새로 참새와 비슷한데 조금 크고 울음소리가 예뻐요.

그림 퀴즈 - 새 2

그림을 보고 새 이름을 알아맞혀 보세요.

①

ㅂ	ㄷ	ㄱ

②

ㄲ	ㄲ	ㄹ

③

ㄷ	ㅅ	ㄹ

정답 | 1. 시골게 2. 피피리 3. 백수리 4. 원앙 5. 물총새 6. 딱새

④ ○ ○

⑤ ㅁ ㅊ ㅅ

어려워요
⑥ ㄸ ㅅ

• 우리나라의 대표적인 텃새로 참새와 크기가 비슷하고 꽁지를 까딱까딱하며 울어요.

설명 퀴즈 - 가족

설명하는 낱말을 알아맞혀 보세요.

1

ㅇ ㅃ

- 나를 낳아 주신 부모님 중 한 분이에요.
- 남자예요.

2

ㅎ ㅁ ㄴ

- 내 엄마의 엄마, 아빠의 엄마예요.
- 나이가 드신 여자 어른을 이렇게 부르기도 해요.
- 〈팥죽 ㅎ ㅁ ㄴ 와 호랑이〉

3

ㅅㅊ

- 부모님의 형제자매, 즉 삼촌, 이모, 고모의 아들이나 딸이에요.
- "ㅅㅊ이 땅을 사면 배가 아프다."라는 속담이 있어요.

4

ㅋㅇㅂㅈ

- 아버지의 형이에요.
- 아버지의 형이 여러 명이라면 그중에서도 가장 나이가 많은 형을 말해요.
- ㅋㅇㅂㅈ의 아내를 '큰어머니'라고 해요.

끝말잇기

그림에서 알맞은 낱말을 골라 끝말잇기를 해 보세요.

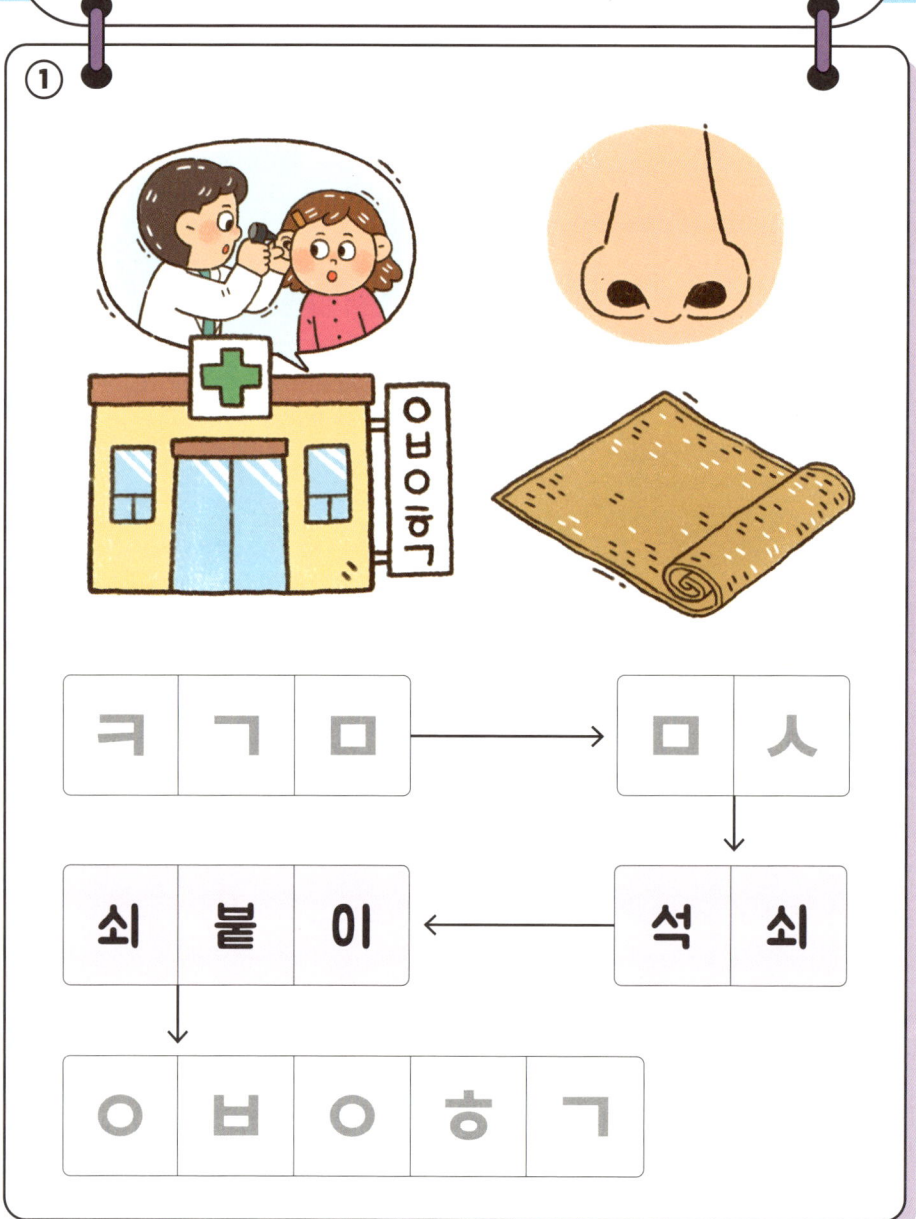

말풍선 퀴즈 - 감정

그림과 말풍선을 잘 보고 알맞은 말을 써 넣으세요.

① 오늘 엄마가 아빠랑 병원으로 가셨다. 엄마가 너무 ㄱㅈ 된다.

| ㄱ | ㅈ |

② 아기를 처음 보고 깜짝 ㄴㄹㄷ. 갓 태어나서 그런지 작고 빨갰다.

| ㄴ | ㄹ | ㄷ |

도전! 자유롭게 떠올리기

초성에 알맞은 낱말을 생각나는 대로 자유롭게 적어 보세요.

① ㅍ ㅈ

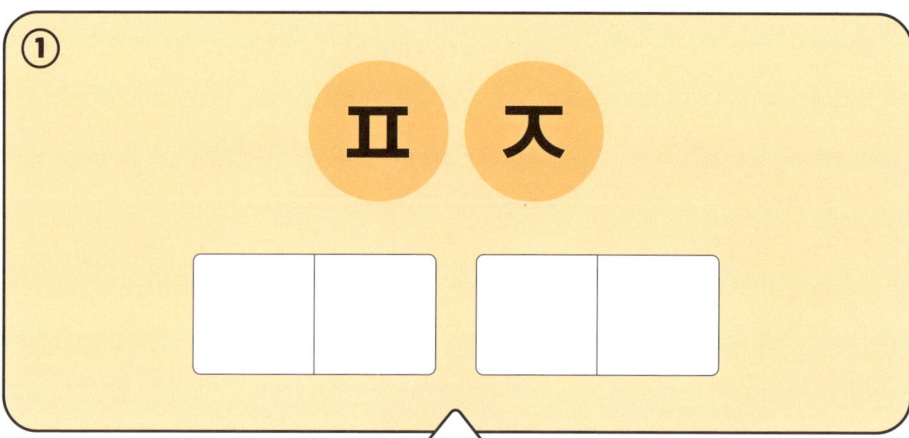

그림 힌트!

예시 1. 편지, 피자, 퍼즐, 표지, 팥죽, 표정, 판자 등

예시 2. 참새, 책상, 칫솔, 추석, 채소, 찬성, 청소 등

②

大 人

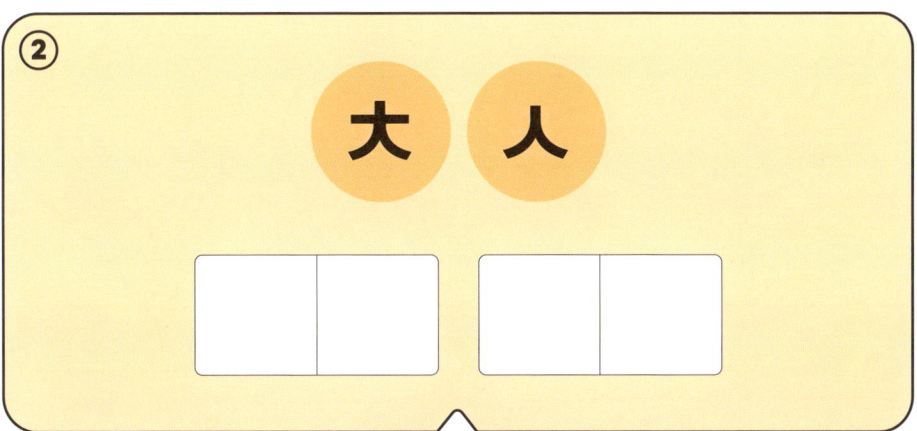

그림 힌트!

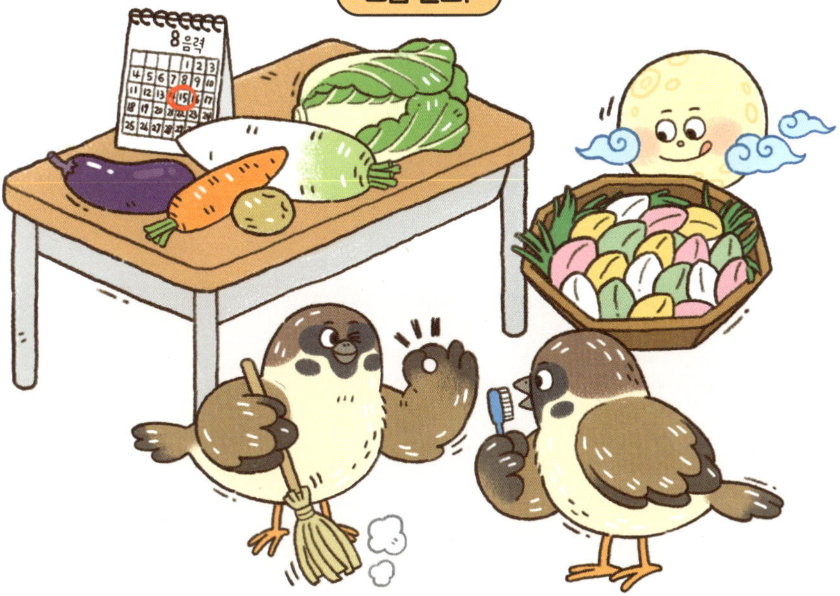

수수께끼 미로

수수께끼를 읽고 미로를 따라가며 정답을 맞혀 보세요.

정답 218쪽

★ 김은 김인데 입으로 들어가지 않고 입 밖으로 나오기만 하는 김은?

ㅇ ㄱ

⭐ 산은 산인데 편의점에서 나올 때 반드시 거쳐야 하는 산은?

ㄱ ㅅ

와글와글 그림 찾기

정답 219쪽

흰동가리 　불가사리　 갈매기 　 꽃게 　 고등어 　 낙지

그림 퀴즈 - 꽃 1

그림을 보고 꽃 이름을 알아맞혀 보세요.

1

2

3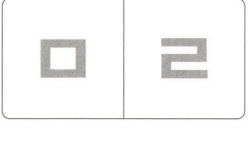

정답: 1. 개나리 2. 진달래 3. 민들레 4. 벚꽃 5. 코스모스 6. 사순수꽃다리

- 라일락의 우리말 이름이에요. 봄에 피고 향기가 무척 좋아요.

그림 퀴즈 - 꽃 2

그림을 보고 꽃 이름을 알아맞혀 보세요.

1)

2)

3)

정답 1. 장미 2. 모란 3. 봉숭아 4. 나팔꽃 5. 카네이션 6. 분꽃

- 여름부터 가을에 걸쳐 꽃이 피고, 씨앗 안에 하얀 가루가 들어 있어 이렇게 불러요.

설명 퀴즈 - 특별한 날

설명하는 낱말을 알아맞혀 보세요.

1

ㅅ ㅇ

- 태어난 날이에요.
- 미역국을 먹고 선물을 주며 축하하기도 해요.
- ♪ "ㅅㅇ 축하합니다~, ㅅㅇ 축하합니다~."

2

ㄱ ㅎ

- 서로 사랑하는 두 어른이 정식으로 부부가 되는 일이에요.
- ㄱㅎ 하는 두 사람을 신랑, 신부라고 불러요.
- 부부가 되는 의식을 'ㄱㅎ식'이라고 해요.

정답 1. 생일 2. 가족 3. 돌잔치 4. 명절

3
ㄷ ㅈ ㅊ

- 아이가 태어난 날로부터 1년이 되는 날에 해요.
- 책, 붓, 돈, 활, 실 등으로 돌상을 차리고 아이가 무엇을 잡는지 보는 돌잡이 행사를 해요.

4
ㅁ ㅈ

- 추석, 설날, 단오 등을 통틀어 말해요.
- 한복을 입고 친척을 만나거나, 전통 음식을 먹는 등 여러 가지 방법으로 특별하게 보내요.
- 나라마다 기념하는 ㅁ ㅈ 이 서로 달라요.

끝말잇기

그림에서 알맞은 낱말을 골라 끝말잇기를 해 보세요.

말풍선 퀴즈 - 감정

그림과 말풍선을 잘 보고 알맞은 말을 써 넣으세요.

정답 1. 기쁨(기정) 2. 시원하다 3. 정말 4. 행복

도전! 자유롭게 떠올리기

초성에 알맞은 낱말을 생각나는 대로 자유롭게 적어 보세요.

① ㅇ ㅁ

그림 힌트!

문자 퀴즈

대화를 잘 보고 빈칸에 알맞은 말을 써 넣으세요.

엄마, 저 내일 소풍이어서 오실 때 ㄱ ㅈ 좀 사다 주세요.

ㄱ ㅈ

아, 이거 말이지?

아니요. ㅠ_ㅠ

그럼 이거?

ㄱ ㅈ

와글와글 그림 찾기

정답 219쪽

빵

고춧가루

도넛

무

가마솥

열무

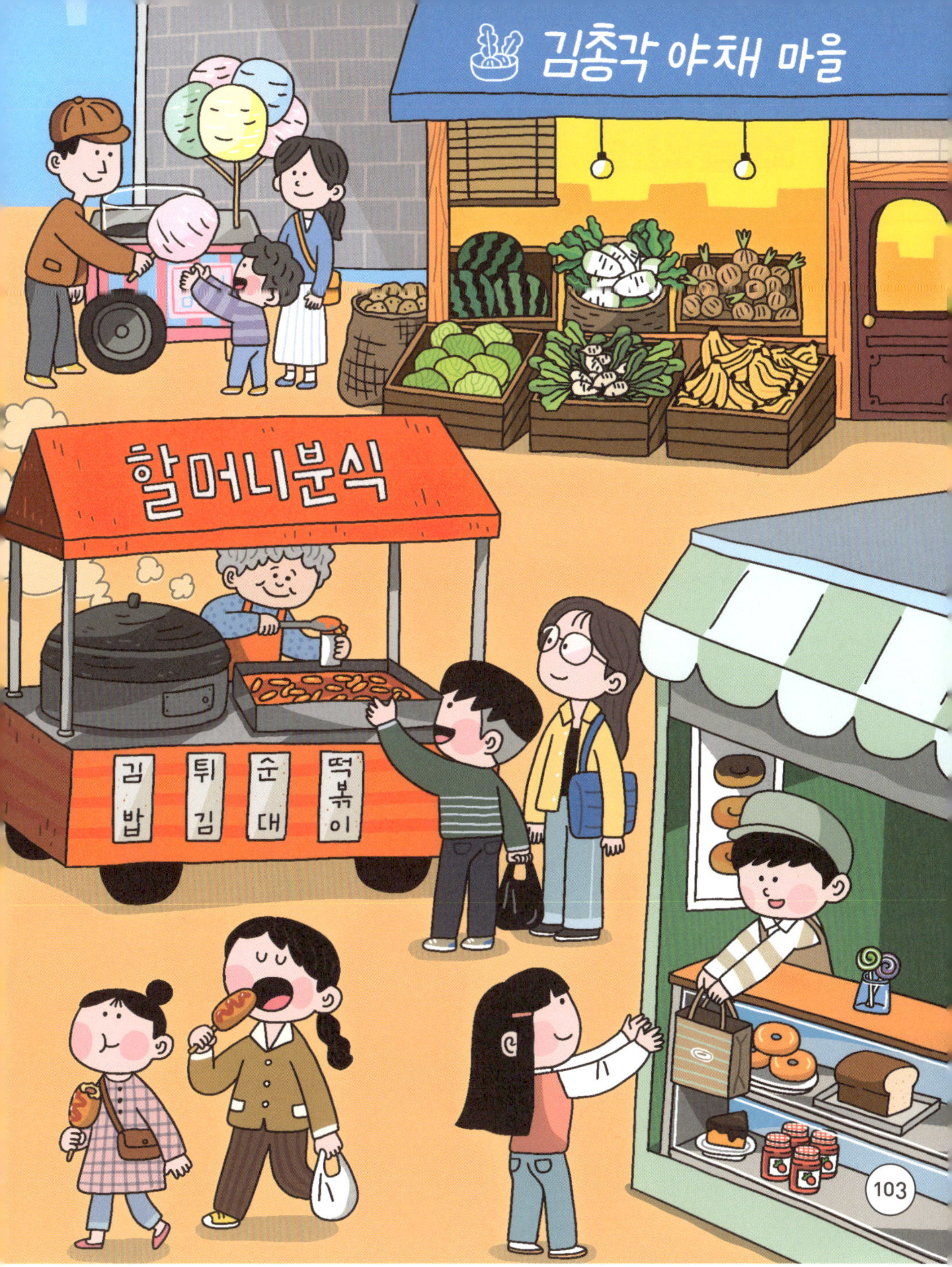

김총각 야채 마을

할머니분식

김밥 튀김 순대 떡볶이

 털실
 식초
 순대
 명태
 시루떡
 강냉이

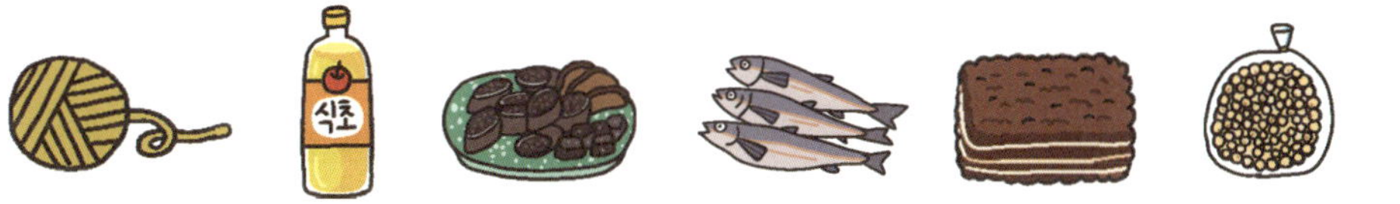

그림 퀴즈 - 물건 1

그림을 보고 물건 이름을 알아맞혀 보세요.

①

②

③

그림 퀴즈 - 물건 2

그림을 보고 물건 이름을 알아맞혀 보세요.

1.

2.

3.

정답 | 1. 빗자루 2. 못 3. 송곳 4. 청진기 5. 체온계 6. 주사기

④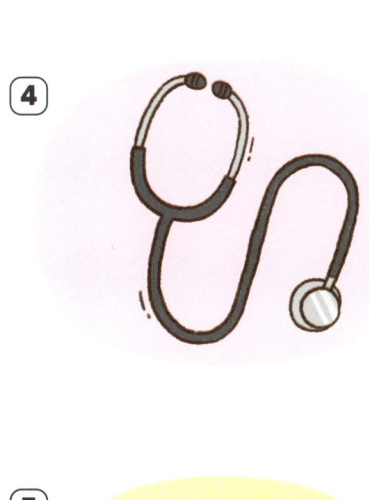

⑤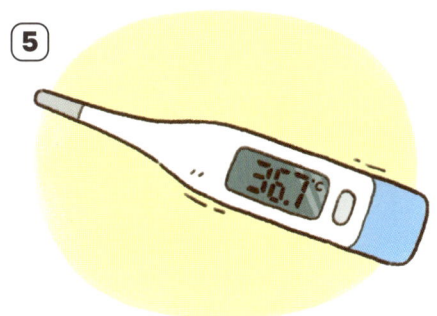

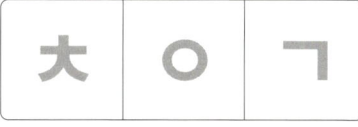

⑥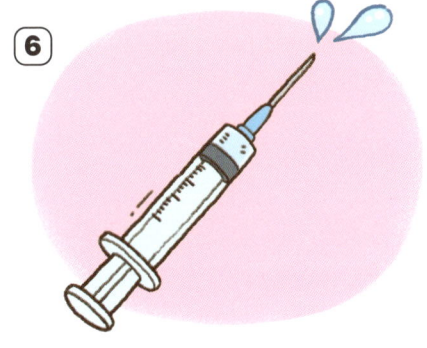

설명 퀴즈 – 행동

설명하는 낱말을 알아맞혀 보세요.

1

ㅎㅍ

- 저절로 입이 크게 벌어지면서 숨이 길고 깊게 쉬어져요.
- 졸리거나 피곤할 때 주로 해요.
- 가끔 ㅎㅍ을 크게 하면 눈물도 찔끔 나요.

2

ㅈㄲㄷ

- 잠을 자면서 자기도 모르게 중얼거리는 말이에요.
- 대부분 깨고 나면 기억하지 못해요.
- "무슨 꿈을 꾸길래 저렇게 ㅈㄲㄷ를 하지?"

정답 1. 휘파람 2. 잠꼬대 3. 비피람 4. 혼잣말

3

ㅎ ㅍ ㄹ

- 입으로 내는 소리예요.
- 입술을 좁게 오므리고 바람을 내뱉어서 피리 같은 소리를 내요.
- 처음에는 잘 안 되고 계속 연습하면 잘돼요.

4

ㅎ ㅈ ㅁ

- 듣는 사람 없이 혼자서 하는 말이에요.
- "동생이 인형 놀이를 하면서 종알종알  을 한다."

끝말잇기

그림에서 알맞은 낱말을 골라 끝말잇기를 해 보세요.

②

정답 1. 운동화, 화로, 롱개, 개통
정답 2. 새집, 집웅이, 숙교, 수달

| ㅅ | ㄱ | → | ㄱ | ㄴ | ㅋ |

| ㄸ | ㄱ | ← | 콩 | 떡 |

| 국 | 수 | → | ㅅ | ㄷ |

말풍선 퀴즈 - 감정

그림과 말풍선을 잘 보고 알맞은 말을 써 넣으세요.

도전! 자유롭게 떠올리기

초성에 알맞은 낱말을 생각나는 대로 자유롭게 적어 보세요.

① ㄱ ㅇ

그림 힌트!

114

예시 1. 나룻, 꼬리, 나물, 가위, 가는, 공원 등

예시 2. 돼지, 된장, 동지, 단풍, 다정, 동전, 단지, 대접 등

② ㄷ ㅈ

☐☐ ☐☐

그림 힌트!

연상 퀴즈

낱말을 보고 연결해서 떠오르는 낱말을 맞혀 보세요.

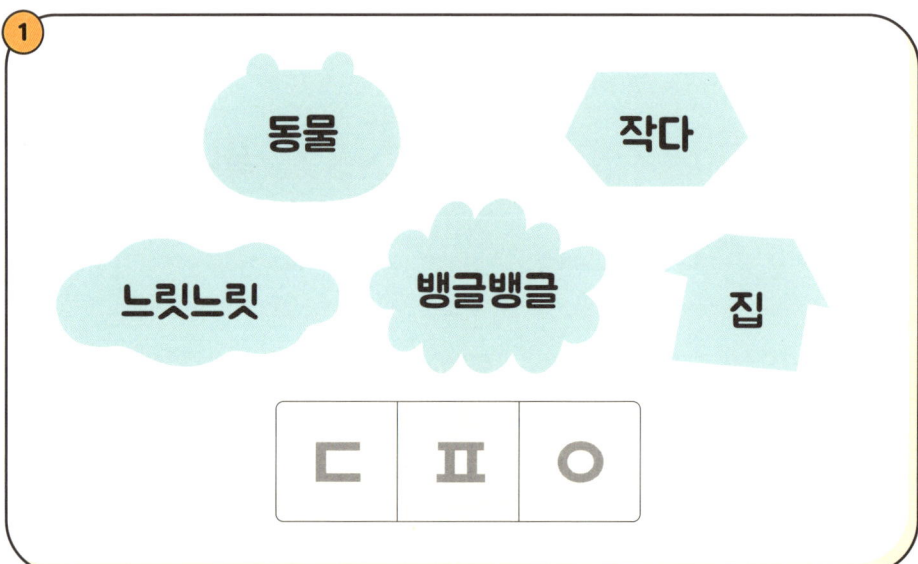

① 동물 / 작다 / 느릿느릿 / 뱅글뱅글 / 집

ㄷ ㅍ ㅇ

② 가을 / 들판 / 곡식 / 새 / 사람

ㅎ ㅅ ㅇ ㅂ

정답 1. 등굣길 2. 하느아비 3. 잠대 4. 갓속말

와글와글 그림 찾기

정답 220쪽

태극기

무궁화

애국가

김치

한글

도자기

 한복
 태권도
 첨성대
 팔씨름
 전통 문양
 씨름

그림 퀴즈 - 장소 1

그림을 보고 장소 이름을 알아맞혀 보세요.

1.

2.

3.

정답 1. 분식집 2. 도서관(독서실) 3. 꽃집 4. 꽃집 5. 병원 6. 경찰서

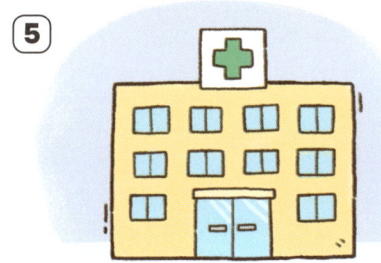

그림 퀴즈 - 장소 2

그림을 보고 장소 이름을 알아맞혀 보세요.

①

②

③

정답 1. 슈퍼마켓 2. 꽃집 3. 약국 4. 은행 5. 우체국 6. 주민 센터

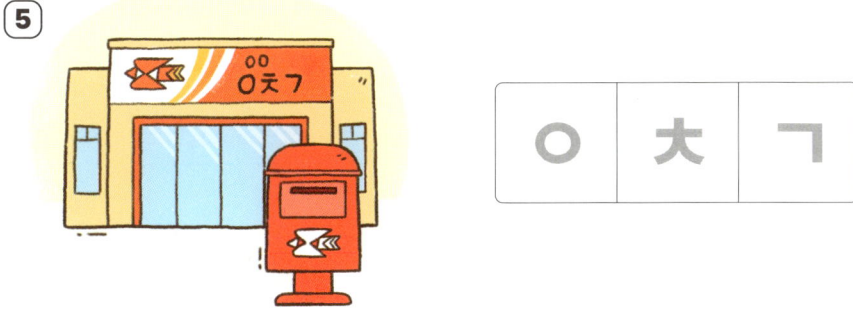

설명 퀴즈 - 행동

설명하는 낱말을 알아맞혀 보세요.

1

ㄱ ㅂ

- 잘 모르던 학문이나 기술을 배우는 일이에요.
- 학생들이 학교나 학원에서 많이 해요.
- 수학, 국어, 영어 등을 배우는 것도 ㄱㅂ 예요.

2

ㅂ ㅁ

- 지금까지 없었던 물건이나 기술을 새롭게 생각해서 만들어 내는 일이에요.
- 에디슨은 유명한 과학 ㅂㅁ 가예요.

3

ㅌ ㅎ

- 낯설고 위험한 곳에 찾아가서 살펴보고 조사하는 일이에요.
- 정글 ㅌㅎ, 동굴 ㅌㅎ, 북극 ㅌㅎ 등으로 말해요.

4

ㄱ ㅊ

- 어떤 물건이나 사람, 현상 등을 자세하게 살펴보는 일이에요.
- 알고 싶은 것이 있다면 ㄱㅊ을 잘해야 해요.
- "실험 결과를 자세히 ㄱㅊ해 보세요."

끝말잇기

그림에서 알맞은 낱말을 골라 끝말잇기를 해 보세요.

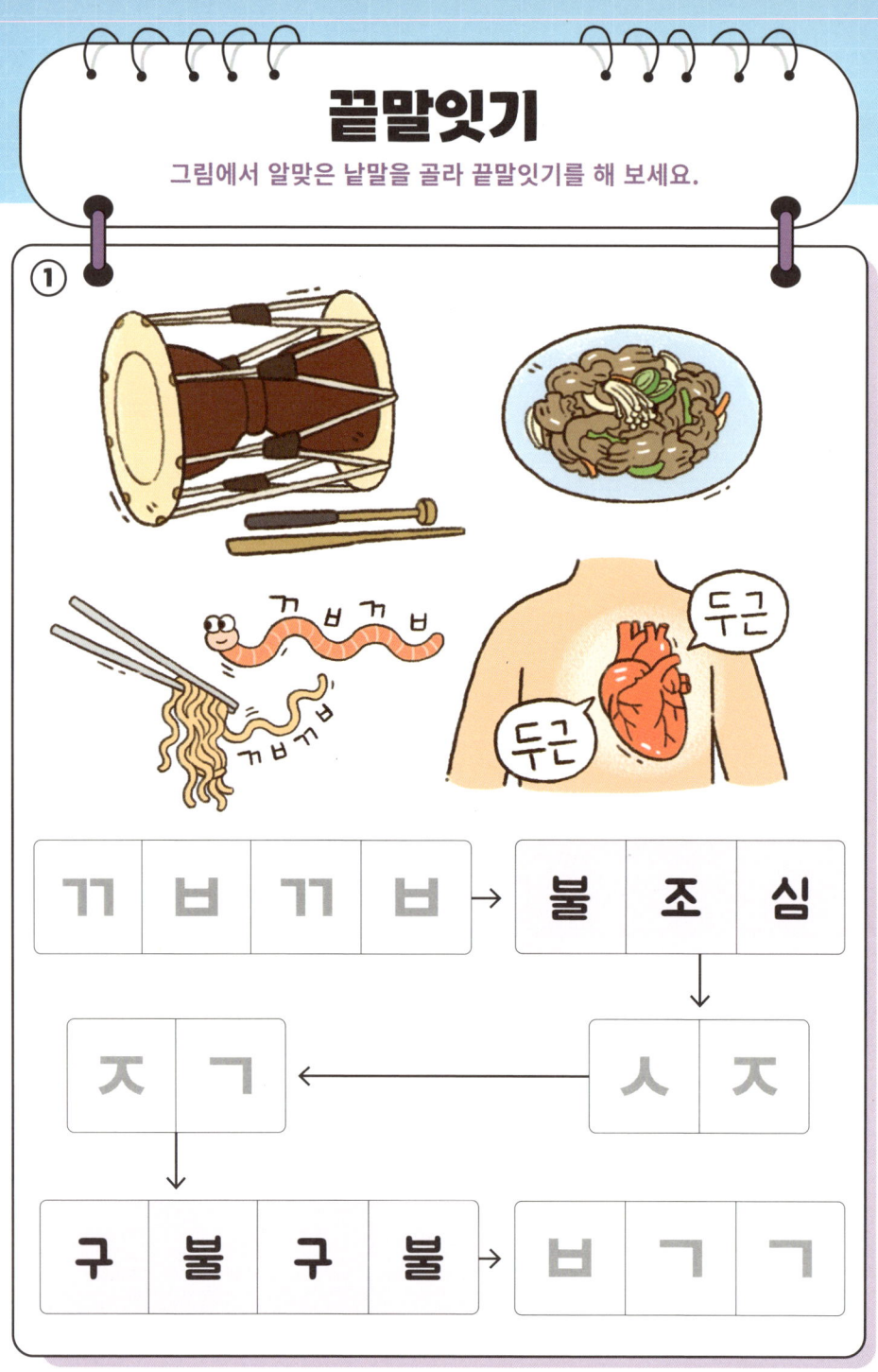

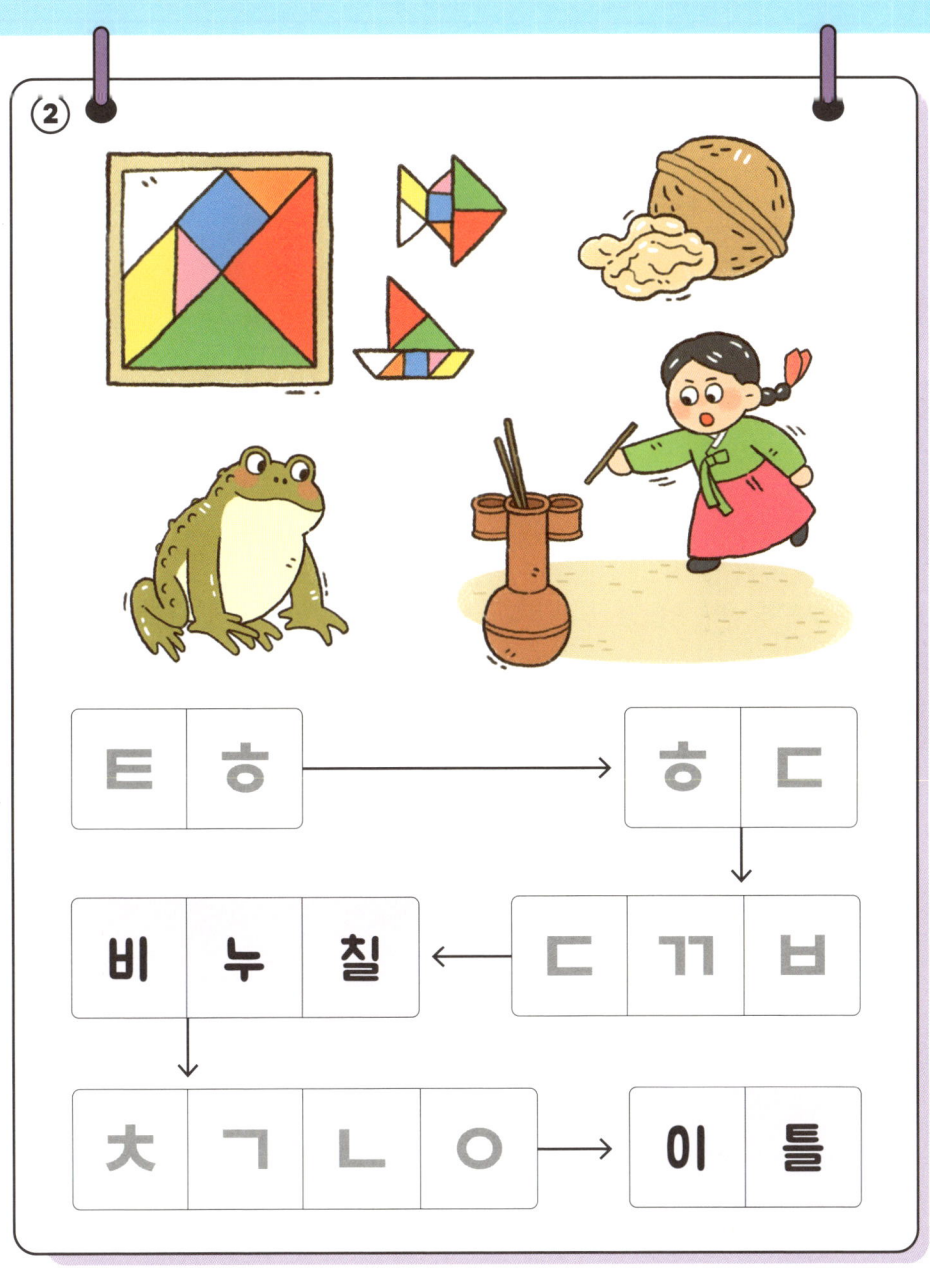

말풍선 퀴즈 - 감정

그림과 말풍선을 잘 보고 알맞은 말을 써 넣으세요.

도전! 자유롭게 떠올리기

초성에 알맞은 낱말을 생각나는 대로 자유롭게 적어 보세요.

① ㅇ ㅇ

그림 힌트!

예시 1. 아이, 언어, 우유, 왕, 웅덩이, 오이 등

예시 2. 왕자, 요정, 의자, 아자, 우주, 예지, 왕지 등

② ㅇ ㅈ

그림 힌트!

다섯 고개 놀이

질문과 대답을 보고 정답을 맞혀 보세요.

①

고개	질문	대답
☝	학교에서 하는 활동인가요?	예, 학교 교실에서 하는 활동입니다.
✌	놀이인가요?	아니요, 공부입니다.
🖖	수학 시간에 하나요?	아니요, 국어 시간에 합니다.
🖐	문제를 푸는 건가요?	네, 문제를 푸는 겁니다.
🖐	종이를 읽고 답을 쓰나요?	아니요, 선생님이 불러 주시는 말을 받아 적습니다.

정답! ㅂ ㅇ ㅆ ㄱ 입니다.

고개	질문	대답
☝	동물인가요?	아니요, 식물입니다.
✌	꽃인가요?	아니요, 나무입니다.
🖖	잎이 넓은가요?	아니요, 잎이 바늘처럼 뾰족합니다.
🖐	열매가 달리나요?	예, 솔방울이 이 나무의 열매입니다.
🖐	혹시 애국가에 나오나요?	네, 2절에 나옵니다.

정답! ㅅ ㄴ ㅁ 입니다.

와글와글 그림 찾기

정답 220쪽

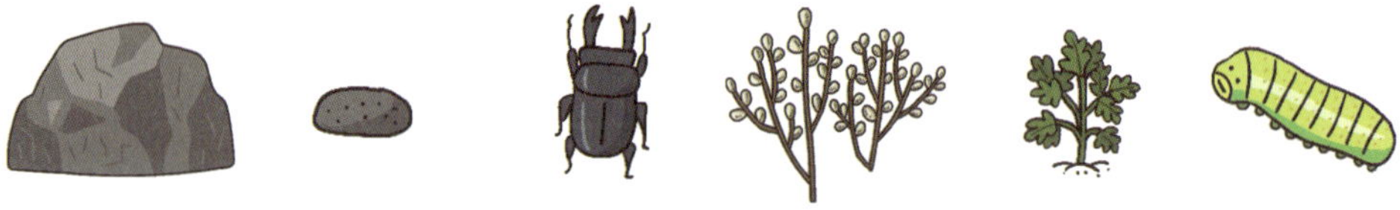

바위 · 돌멩이 · 사슴벌레 · 버들강아지 · 쑥 · 애벌레

 토끼풀
 솔방울
 민들레
 송충이
 청설모
 지렁이

그림 퀴즈 - 직업 1

그림을 보고 직업 이름을 알아맞혀 보세요.

1.

2.

3.

정답 1. 경찰 2. 마술사 3. 피아니스트 4. 운전사 5. 환경미화원 6. 사범

- 태권도나 유도, 검도 등의 기술을 가르치는 사람을 말해요. 'OO님'.

그림 퀴즈 - 직업 2

그림을 보고 직업 이름을 알아맞혀 보세요.

①

②

③

정답 1. 수의사 2. 미용사 3. 고궁사 4. 농부 5. 안경사 6. 사회 복지사

- 시력 검사 후 안경을 맞추어 만들고 파는 일을 해요.

- 어린이, 청소년, 노인, 장애인 등 도움이 필요한 사람을 전문적으로 돕는 직업이에요.

설명 퀴즈 - 학교 장소

설명하는 낱말을 알아맞혀 보세요.

1

ㄱ ㅁ ㅅ

- 선생님들이 모여서 일을 하는 곳이에요.
- 책상과 의자, 컴퓨터가 많이 있어요.
- 학생들이 ㄱ ㅁ ㅅ에 가게 되면 왠지 조금 긴장되기도 해요.

2

ㄷ ㅅ ㅅ

- 책장과 책이 많이 있는 곳이에요.
- 책을 읽거나 빌릴 수 있어요.
- ㄷ ㅅ ㅅ에서는 뛰거나 떠들지 않고 조용히 해야 해요.

정답 1. 교실 2. 도서실 3. 급식실(공식실) 4. 보건실

3

ㄱㅅㅅ

- 학교에서 점심 식사를 할 때 가는 곳이에요.
- 의자와 식탁이 많이 있어요.
- 평소에는 비어 있다가 점심시간이 되면 북적북적 붐벼요.

4

ㅂㄱㅅ

- 학교에서 아프거나 다쳤을 때 가는 곳이에요.
- 보건 선생님이 계시고 침대도 있어요.
- 열을 재고 약을 먹거나 바르는 등 간단한 치료를 하고, 잠시 누워서 쉬기도 해요.

끝말잇기

그림에서 알맞은 낱말을 골라 끝말잇기를 해 보세요.

말풍선 퀴즈 - 행동·감정

그림과 말풍선을 잘 보고 알맞은 말을 써 넣으세요.

정답 1. 으쓱 2. 너울(나울) 3. 술렁(수런) 4. 쑥야쑥

도전! 자유롭게 떠올리기

초성에 알맞은 낱말을 생각나는 대로 자유롭게 적어 보세요.

① ㅅ ㄱ

그림 힌트!

예시 1. 사공, 수공, 시내, 소고, 부녀, 송곳, 시간 등
예시 2. 장사, 접시, 장신, 조사, 조심, 조수, 동식물 등

② ㅈ ㅅ

그림 힌트!

대박 싸요!
후루룩

☆ 잡으라는 돌은 안 잡고 아무거나 잡았는데 다들 잘했다고 칭찬하는 것은?

와글와글 그림 찾기

정답 221쪽

팽이치기 　 사방치기  　 복주머니 　 벌초 　 세배 　 강강술래

 전
 추석빔
 윷놀이
 연날리기
 차례상
 제기차기

그림 퀴즈 - 음식 1

그림을 보고 음식 이름을 알아맞혀 보세요.

1

2

3

정답: 1. 김밥 2. 호떡 3. 자장면 4. 볶음밥 5. 초밥 6. 쌀국수

④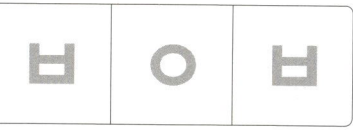

⑤

⑥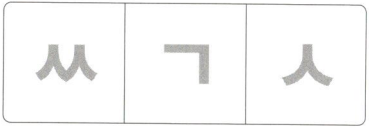

그림 퀴즈 - 음식 2

그림을 보고 음식 이름을 알아맞혀 보세요.

1)

2)

3)

정답 | 1. 풍선 2. 복숭아 3. 김치 4. 꼬마 5. 팝콘 6. 누룽지

설명 퀴즈 - 교통안전

설명하는 낱말을 알아맞혀 보세요.

1

ㅇ ㅈ ㄸ

- 자동차나 비행기 등을 탈 때 안전을 위해 착용하는 띠예요.
- 윗줄은 어깨 가운데를 지나고, 아랫줄은 골반뼈를 지나도록 매요.

2

ㅅ ㅎ ㄷ

- 차가 다니는 도로와 사람이 건너는 횡단보도에 설치되어 있어요.
- 빨간불, 녹색 불, 노란불이 있어요.
- 불빛을 보고 길을 건너거나 멈추거나 해요.

③

ㅍㅈㅍ

- 교통안전과 관련하여 여러 가지 사실을 알리기 위해 세워요.
- 어린이 보호 구역, 자전거 전용 도로, 보행 금지  등이 있어요.

④

ㅎㄷㅂㄷ

- 사람이 건널 수 있도록 도로 위에 표시해 둔 길이에요.
- 보통 여러 개의 흰 줄 혹은 노란 줄과 화살표로 표시되어 있어요.

끝말잇기

그림에서 알맞은 낱말을 골라 끝말잇기를 해 보세요.

①

| 홍 | 수 | → | ㅅ | ㅇ | ㅈ |

| ㄱ | ㄴ | ㅁ | ← | 장 | 난 | 감 |

| ㅁ | ㄷ | ㅂ | ㄹ | → | ㄹ | ㅁ |

말풍선 퀴즈 - 날씨

그림과 말풍선을 잘 보고 알맞은 말을 써 넣으세요.

도전! 자유롭게 떠올리기

초성에 알맞은 낱말을 생각나는 대로 자유롭게 적어 보세요.

① ㄱ ㅅ

그림 힌트!

문자 퀴즈

대화를 잘 보고 빈칸에 알맞은 말을 써 넣으세요.

얘들아, 우리 집에 새로운   동물이 생겼어.

와, 좋겠다! 뭐야?

ㄱ ㅇ ㅈ ??

아니면

ㄱ ㅇ ㅇ ??

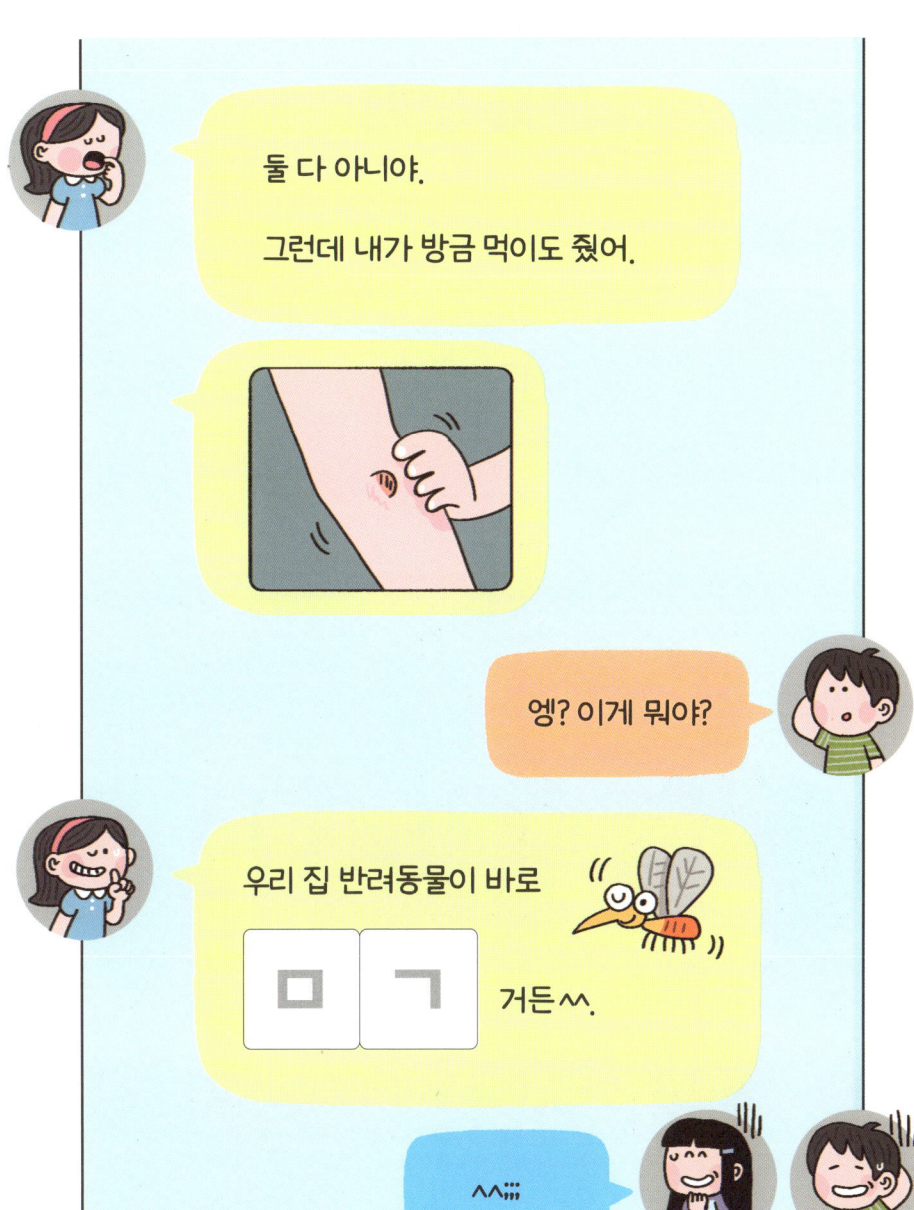

와글와글 그림 찾기

정답 222쪽

수수깡	클립	지우개	주사위	돋보기	봉투

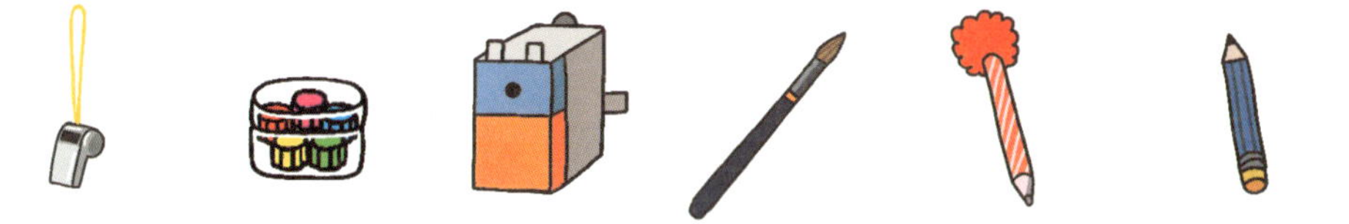

 호루라기
 공깃돌
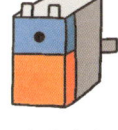 연필깎이
 붓
 볼펜
 연필

그림 퀴즈 - 자연

그림을 보고 자연의 이름을 알아맞혀 보세요.

1.

2.

3.
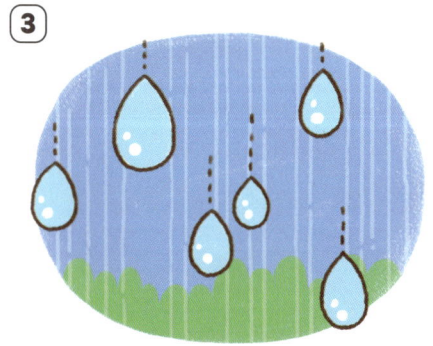

정답 1. 하늘(해뜸) 2. 무지개 3. 잣나무 4. 동물 5. 그늘 6. 회오리바람

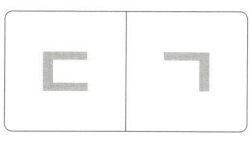

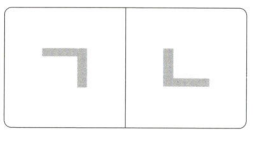

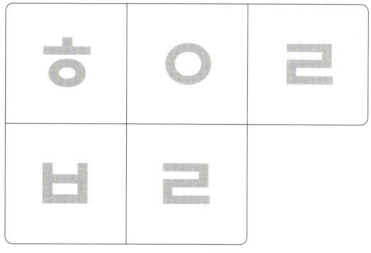

그림 퀴즈 - 식물

그림을 보고 식물과 관련된 낱말을 알아맞혀 보세요.

①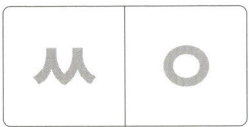

②

③

정답 1. 씨앗 2. 새싹 3. 나뭇가지 4. 꽃잎 5. 단풍 6. 나이테

④ ㄲ ㅇ

⑤ ㄷ ㅍ

⑥ ㄴ ㅇ ㅌ

설명 퀴즈 - 병원

설명하는 낱말을 알아맞혀 보세요.

1

ㅊ ㄱ

- 이, 입안, 잇몸 등을 돌보고 치료하는 병원이에요.
- 주로 긴 의자에 누워서 입을 벌려요.
- "썩은 이를 치료하러 ㅊㄱ에 가자."

2

ㅅㅇ ㅊㅅㄴㄱ

- 어린이와 청소년들의 병을 돌보는 곳이에요.
- 예전에는 '소아과'라고 했어요.
- 예방 접종을 하거나 발달 검사를 하러 가기도 해요.

③

ㅇㄱ

- 눈에 생긴 병을 검사하고 치료해요.
- 시력 검사를 할 때는 숟가락처럼 생긴 도구로 눈을 한쪽씩 차례대로 가려요.
- 안경을 맞추기 전에 처방전을 써 주기도 해요.

④

ㅈㅎㅇㄱ

- 근육과 뼈 등 우리 몸을 움직이게 해 주는 부분이 아플 때 가요.
- 몸속 뼈나 근육의 모습을 보기 위해 엑스레이를 찍기도 해요.

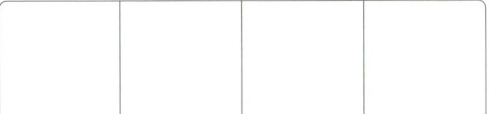

끝말잇기

그림에서 알맞은 낱말을 골라 끝말잇기를 해 보세요.

정답 1. 가지, 차연, 논밭, 단풍

정답 2. 가위바위보, 수박빙수, 가뭄하다, 배탈

②

ㅍ ㅂ ㅅ → ㅅ ㄷ ㄱ

보 배 ← ㄱ ㅇ ㅂ ㅇ ㅂ

ㅂ ㅌ → 탈 출

말풍선 퀴즈 - 맛

그림과 말풍선을 잘 보고 알맞은 말을 써 넣으세요.

도전! 자유롭게 떠올리기

초성에 알맞은 낱말을 생각나는 대로 자유롭게 적어 보세요.

① ㄷ ㅅ

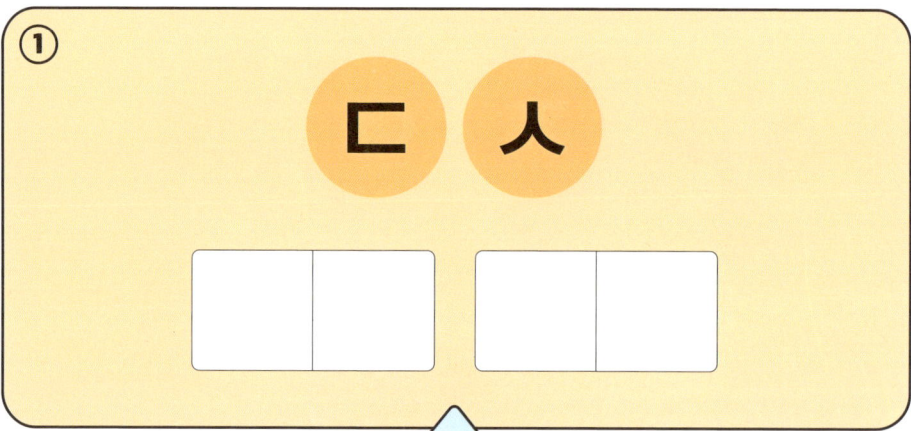

그림 힌트!

예시 1. 음식, 도시, 전시, 진해, 다시, 동시, 등수 등
예시 2. 정공, 초등, 풍등, 공이, 자인, 초인 등

② ㅈ ㅇ

그림 힌트!

연상 퀴즈

낱말을 보고 연결해서 떠오르는 낱말을 맞혀 보세요.

1

네모 콩 흰색 보들보들 맛있다

ㄷ ㅂ

2

갈색 산 다람쥐 먹이 묵

ㄷ ㅌ ㄹ

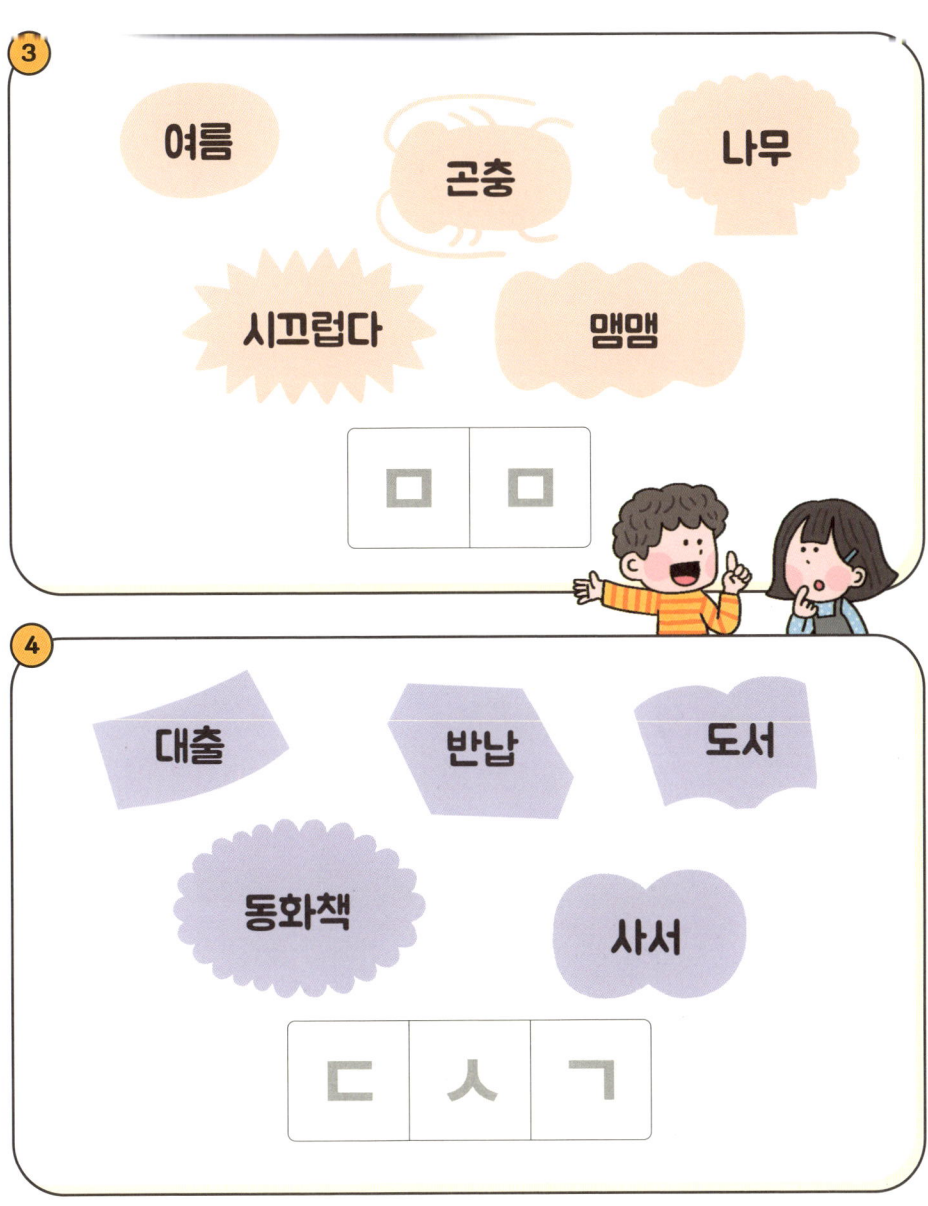

와글와글 그림 찾기

정답 222쪽

물자라

납자루

물거미

부레옥잠

수련

소금쟁이

 조약돌
 개구리
 개구리밥
 우렁이
 올챙이
 물잠자리

그림 퀴즈 - 악기

그림을 보고 악기의 이름을 알아맞혀 보세요.

①

ㅂ

②

ㅈ

③

정답 1. 북 2. 징 3. 장구 4. 탬버린 5. 트라이앵글 6. 캐스터네츠

4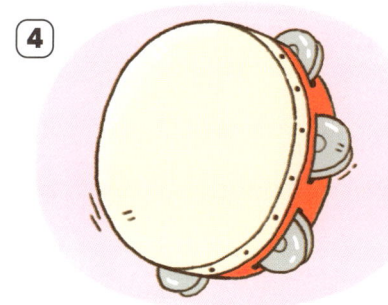

5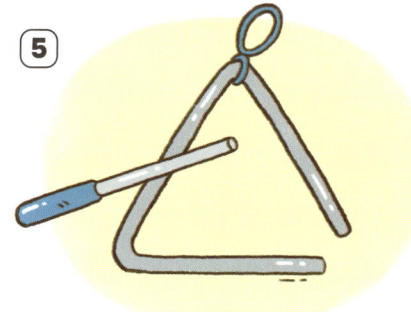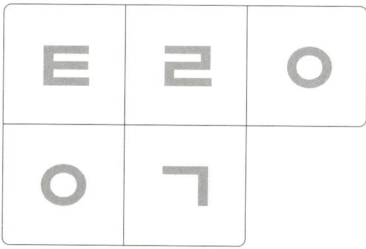

6

그림 퀴즈 - 미술 도구

그림을 보고 미술 도구의 이름을 알아맞혀 보세요.

1.

2.

3.

정답: 1. 손잡이 2. 칠판 3. 사인펜 4. 색종이 5. 크레파스 6. 사인펜

설명 퀴즈 - 휴가

설명하는 낱말을 알아맞혀 보세요.

1

ㅂ ㅎ

- 정해진 기간 동안 학교에 가지 않는 것이에요.
- 너무 더운 여름이나, 너무 추운 겨울에 주로 해요.
- 생활 계획표를 짜고 숙제를 하기도 해요.

2

ㅇ ㅎ

- 평소에 살던 곳을 떠나 잠시 다른 지역이나 나라로 가는 거예요.
- 일을 하거나 사람을 만나기 위해, 또는 놀거나 구경하고 휴식하기 위해 가기도 해요.

정답 1. 등산 2. 야영 3. 야영 4. 얼음낚시

3

ㅇㅇ

- 집이 아닌 야외에 천막이나 텐트를 치고 생활해요.
- 바닷가나 산, 들에서 하기도 해요.
- 자연을 가까이에서 즐기거나 훈련을 하기 위해 해요.

4

ㅇㅇㄴㅅ

- 겨울에 하는 낚시예요.
- 강이나 저수지에 얼음이 20센티미터 이상 얼면, 얼음에 동그란 구멍을 뚫고 낚싯대를 넣어 낚아요.
- 빙어, 송어, 산천어 등을 잡을 수 있어요.

끝말잇기

그림에서 알맞은 낱말을 골라 끝말잇기를 해 보세요.

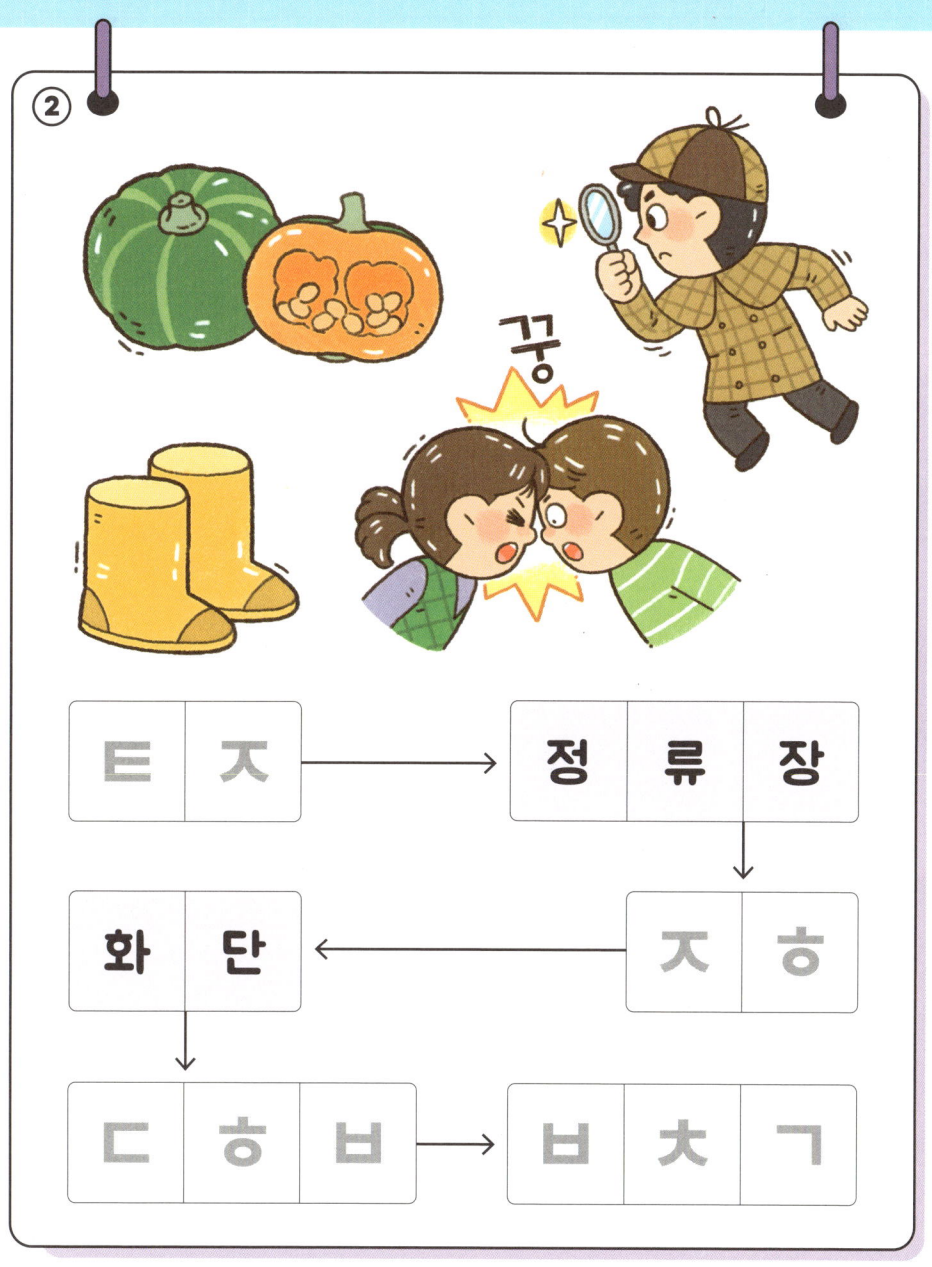

말풍선 퀴즈 - 모양

그림과 말풍선을 잘 보고 알맞은 말을 써 넣으세요.

정답 1. 윤식(승식) 2. 돌몸(돌목) 3. 다자(다옴, 단잠, 단장) 4. 수북(소복)

도전! 자유롭게 떠올리기

초성에 알맞은 낱말을 생각나는 대로 자유롭게 적어 보세요.

① ㅂ ㅅ

그림 힌트!

예시 1. 바지, 바나나, 바다, 나비, 밥그릇, 밭에 등

예시 2. 호박, 하마, 양말, 공항, 장화, 성냥, 숲 등

② ㅎ ㅂ

| | | | | |

그림 힌트!

ㅎㅂ네 ㅎㅂ정원
ㅎㅂ차 체험
ㅎㅂ 비누 만들기

다섯 고개 놀이

질문과 대답을 보고 정답을 맞혀 보세요.

①

고개	질문	대답
☝	장소인가요?	네, 장소입니다.
✌	우리 동네에 있나요?	네, 우리 동네에 학교 안에 있습니다.
🤟	교실인가요?	음, 네, 교실의 한 종류입니다.
🖖	국어나 수학 말고 다른 과목을 배울 때 가는 곳인가요?	네, 맞습니다.
🖐	가서 노래를 부르나요?	아니요, 주로 실험이나 관찰을 합니다.

정답! ㄱ ㅎ ㅅ 입니다.

고개	질문	대답
☝️	동화 속 주인공인가요?	네, 동화 속 주인공입니다.
✌️	전래 동화인가요?	아니요, 명작 동화입니다.
🖖	남자인가요?	아니요, 여자입니다.
🖐️	공주인가요?	네, 공주입니다.
✋	독이 든 사과를 먹나요?	네, 독이 든 사과를 먹습니다.

정답! ㅂ ㅅ ㄱ ㅈ 입니다.

와글와글 그림 찾기

정답 223쪽

 눈사람
 스케이트
 스키
 눈싸움
 귀마개
 별

 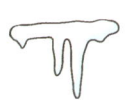    

눈썰매   고드름   군고구마   가습기   선물   목도리

그림 퀴즈 - 세계 여러 나라 1

그림을 보고 나라의 이름을 알아맞혀 보세요.

①

②

③

그림 퀴즈 - 세계 여러 나라 2

그림을 보고 나라의 이름을 알아맞혀 보세요.

①

ㅇ	ㅅ	ㅌ	ㄹ
ㅇ	ㄹ	ㅇ	

②

ㅁ	ㄱ

③

ㅂ	ㄹ	ㅈ

정답: 1. 오스트레일리아 2. 미국 3. 카자흐스탄 4. 독일 5. 인도 6. 케냐

④

⑤

⑥
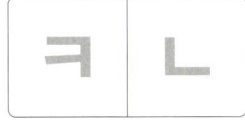

203

설명 퀴즈 - 계절

설명하는 낱말을 알아맞혀 보세요.

1

ㅂㄴㅁ

- 봄에 나는 나물이에요.
- 쑥, 달래, 냉이, 미나리 등이 있어요.
- 봄이 되면 산과 들에 여러 가지 ㅂㄴㅁ이 자라나요.

2

ㅎㄱㅇ

- 이번 해에 새로 난 과일을 말해요.
- '햇'은 올해에 새로 났다는 뜻이에요.
- 가을이 되면 사과, 배, 감 등의 ㅎㄱㅇ이 풍성해요.

정답 | 1. 된다물 2. 얏과일 3. 추수 4. 달맞이

3

大人

- 가을이 되어 익은 곡식을 거두어들이는 일이에요.
- 다른 말로는 '가을걷이'라고도 해요.
- "논에서  가 한창이다."

4

ㄷㅁㅇ

- 산이나 들에 나가 달이 뜨기를 기다리고 구경하는 일이에요.
- 달을 보고 소원을 빌고 농사를 점치기도 해요.
- 음력 1월 15일 혹은 8월 15일 보름날에 많이 해요.

끝말잇기

그림에서 알맞은 낱말을 골라 끝말잇기를 해 보세요.

①

| ㄱ | ㅎ | ㅅ | → | 사 | 무 | 소 |

| 기 | 쁘 | 다 | ← | ㅅ | ㄱ | ㄱ |

| ㄷ | ㄹ | ㅁ | → | ㅁ | ㄴ | ㄹ |

정답 1. 고추자, 추기기, 다리미, 머리띠
정답 2. 등잔불, 불꽃놀이, 쌀자, 자른

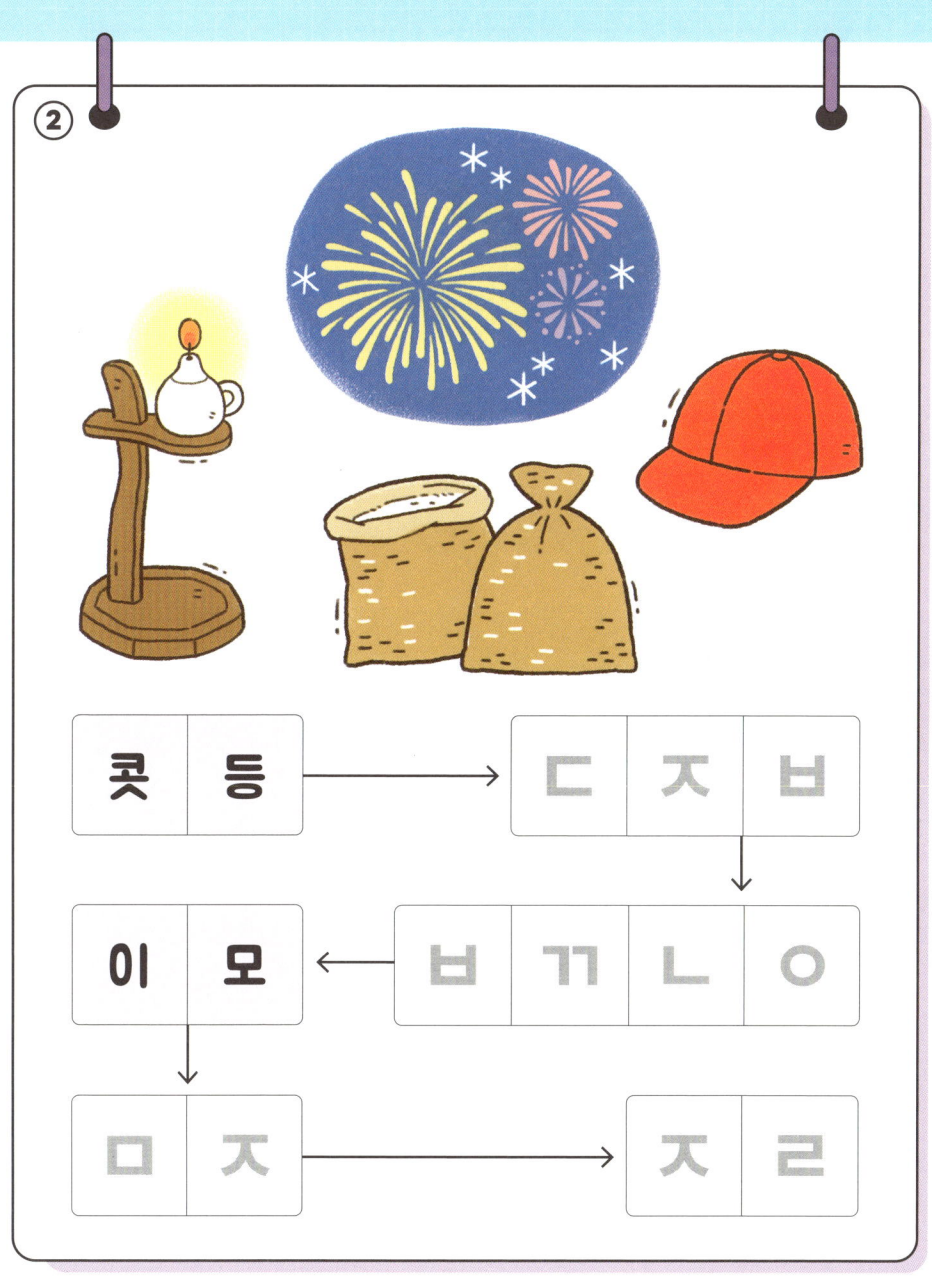

말풍선 퀴즈 - 높임말

그림과 말풍선을 잘 보고 알맞은 말을 써 넣으세요.

도전! 자유롭게 떠올리기

초성에 알맞은 낱말을 생각나는 대로 자유롭게 적어 보세요.

① ㅅ ㅍ

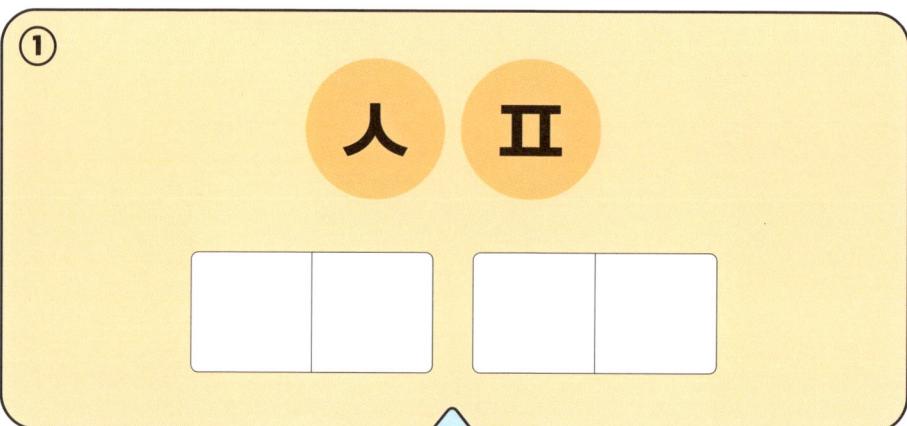

그림 힌트!

수수께끼 미로

수수께끼를 읽고 미로를 따라가며 정답을 맞혀 보세요.

정답 223쪽

★ 금은 금인데 조심조심 몰래 눈치만 보는 금은?

⭐ 별로 먹지도 않았는데 살이 쪄서 이상하다며 고개를 흔드는 모양은?

와글와글 그림 찾기

정답 224쪽

지게   활   윷가락   돈주머니   괭이   궤짝

 노
 바가지
 밧줄
 헛간
 사다리
 항아리

20-21쪽

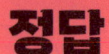

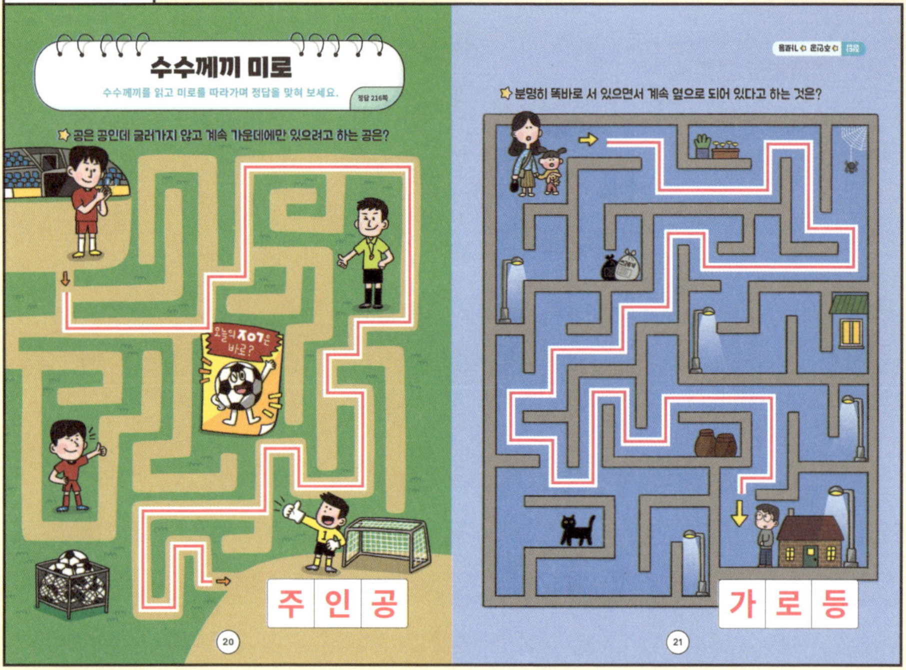
수수께끼 미로
수수께끼를 읽고 미로를 따라가며 정답을 맞혀 보세요.
정답 216쪽
공은 공인데 굴러가지 않고 계속 가운데에만 있으려고 하는 공은?
오늘의 주인공은 바로?
주 인 공
20
분명히 똑바로 서 있으면서 계속 옆으로 되어 있다고 하는 것은?
가 로 등
21

22-23쪽

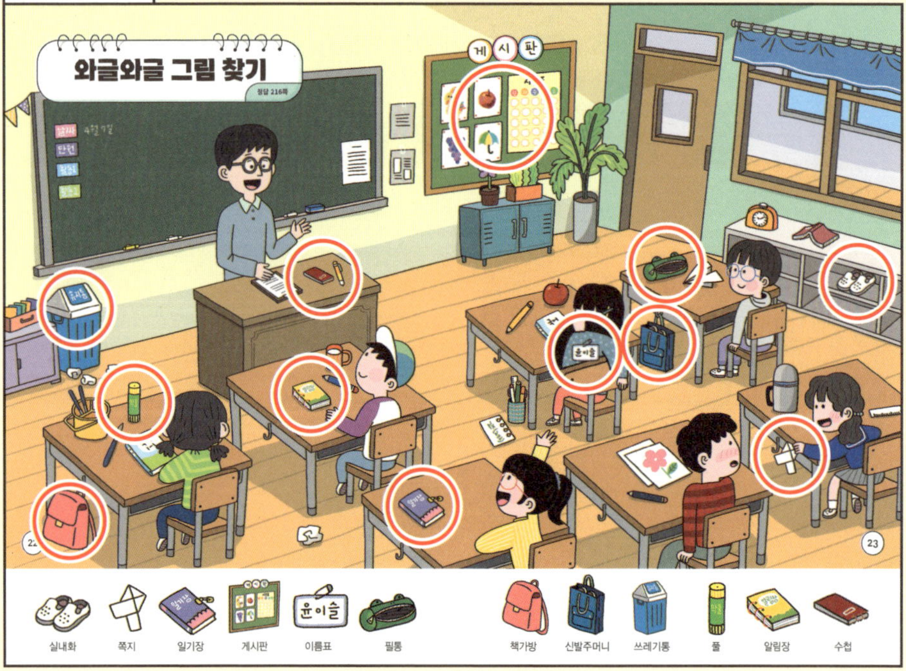
와글와글 그림 찾기
정답 216쪽
게 시 판
윤이슬
22
23
실내화
쪽지
일기장
게시판
이름표
필통
책가방
신발주머니
쓰레기통
풀
알림장
수첩

70-71쪽

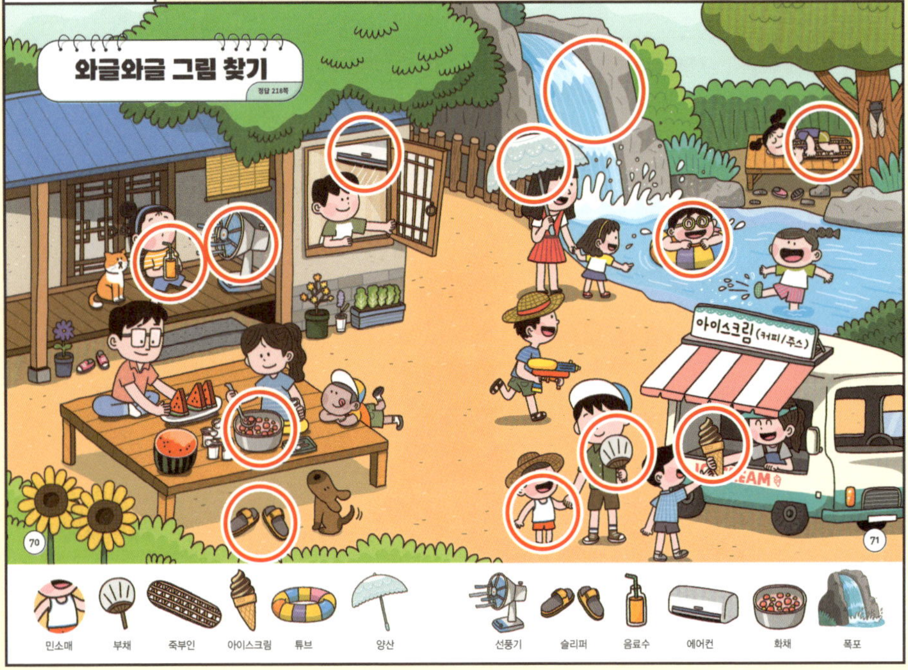
와글와글 그림 찾기
정답 218쪽
아이스크림 (커피/주스)
70
71
민소매
부채
죽부인
아이스크림
튜브
양산
선풍기
슬리퍼
음료수
에어컨
화채
폭포

84-85쪽

수수께끼 미로
수수께끼를 읽고 미로를 따라가며 정답을 맞혀 보세요.
정답 218쪽
김은 김인데 입으로 들어가지 않고 입 밖으로 나오기만 하는 김은?
입 김
84
산은 산인데 편의점에서 나올 때 반드시 거쳐야 하는 산은?
계 산
85

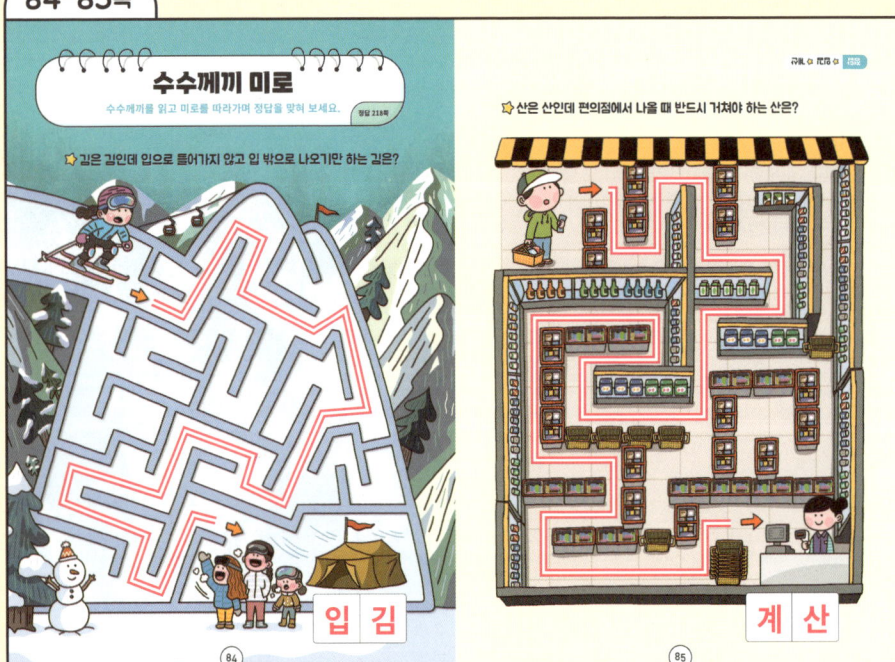

86-87쪽

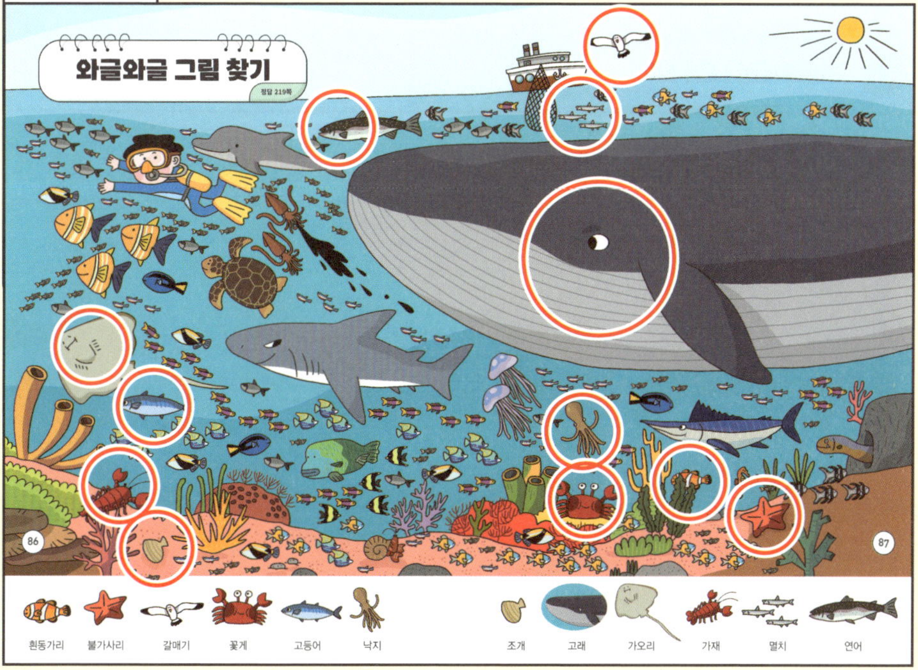
와글와글 그림 찾기
정답 219쪽
86
87
흰동가리
불가사리
갈매기
꽃게
고등어
낙지
조개
고래
가오리
가재
멸치
연어

102-103쪽

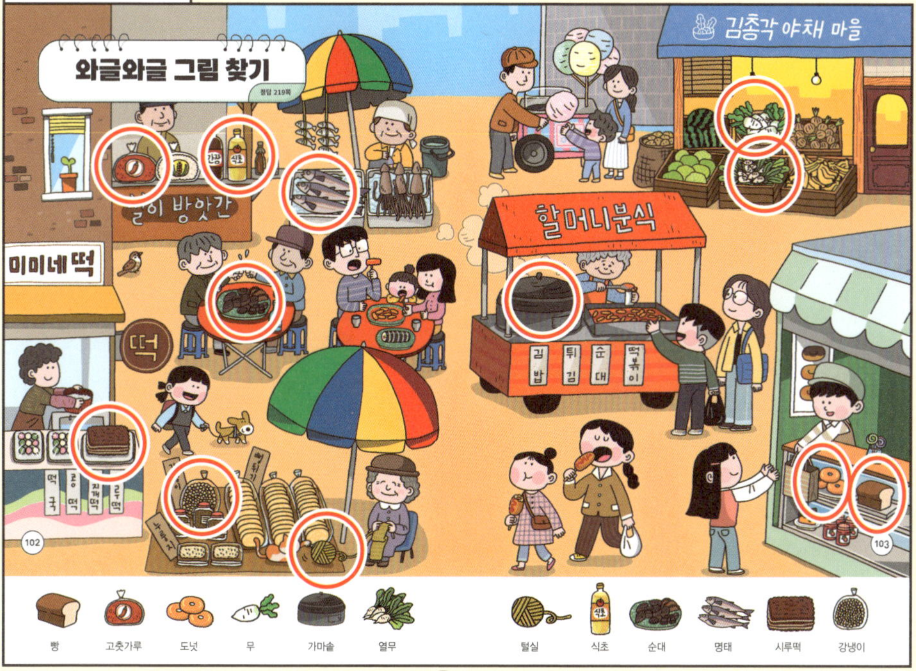
와글와글 그림 찾기
정답 219쪽
김총각 야채 마을
미미네 떡
떡
할머니분식
김밥
튀김
순대
떡볶이
102
103
빵
고춧가루
도넛
무
가마솥
열무
털실
식초
순대
명태
시루떡
강냉이

118-119쪽

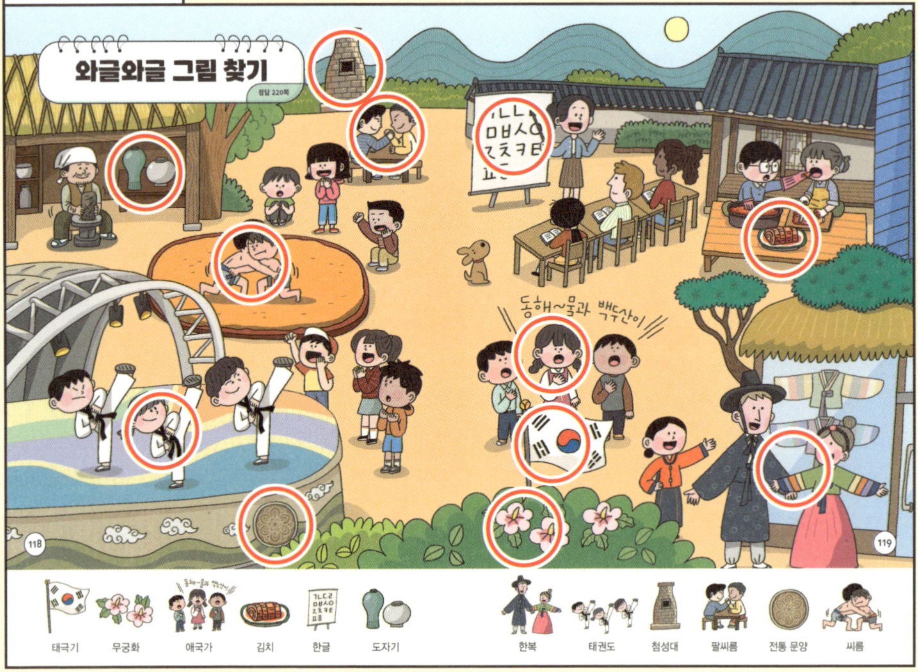
와글와글 그림 찾기
정답 220쪽
동해~물과 백두산이
118
119
태극기
무궁화
애국가
김치
한글
도자기
한복
태권도
첨성대
팔씨름
전통 문양
씨름

134-135쪽

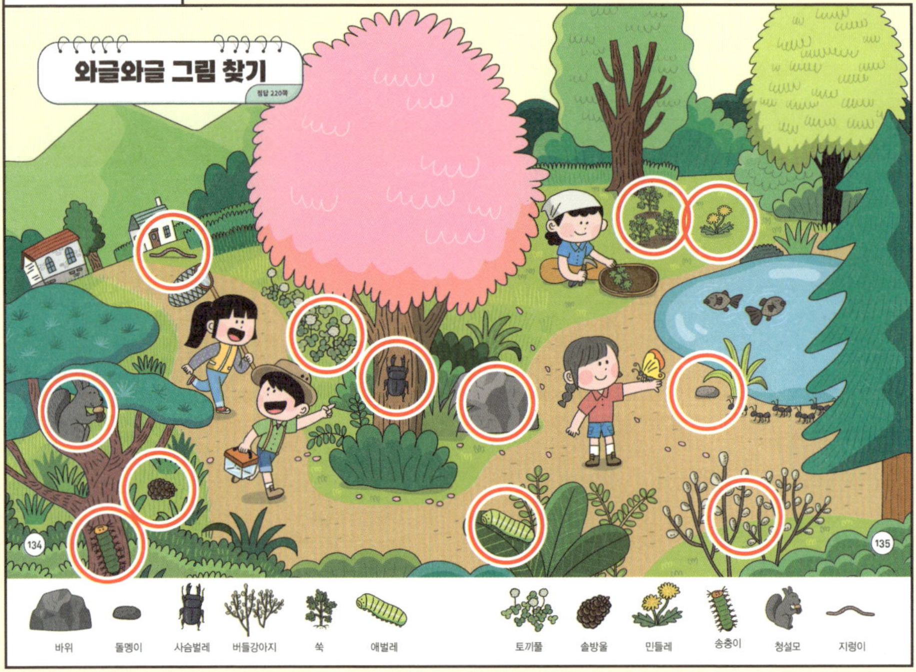
와글와글 그림 찾기
정답 220쪽
134
135
바위
돌멩이
사슴벌레
버들강아지
쑥
애벌레
토끼풀
솔방울
민들레
송충이
청설모
지렁이

166-167쪽

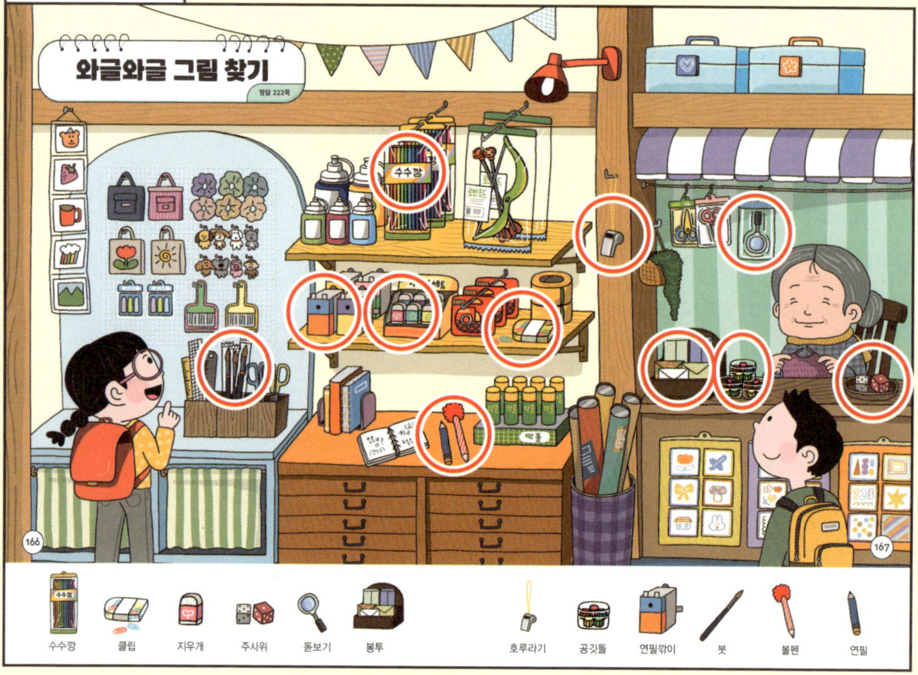
와글와글 그림 찾기
정답 222쪽
수수깡
166
167
수수깡
클립
지우개
주사위
돋보기
봉투
호루라기
공깃돌
연필깎이
붓
볼펜
연필

182-183쪽

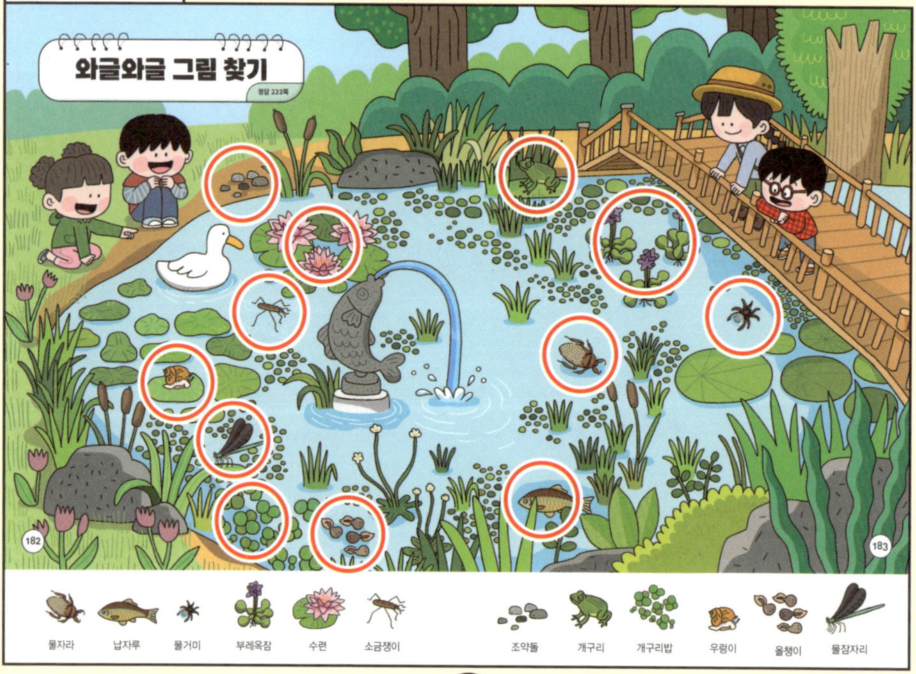
와글와글 그림 찾기
정답 222쪽
182
183
물자라
납자루
물거미
부레옥잠
수련
소금쟁이
조약돌
개구리
개구리밥
우렁이
올챙이
물잠자리

198-199쪽

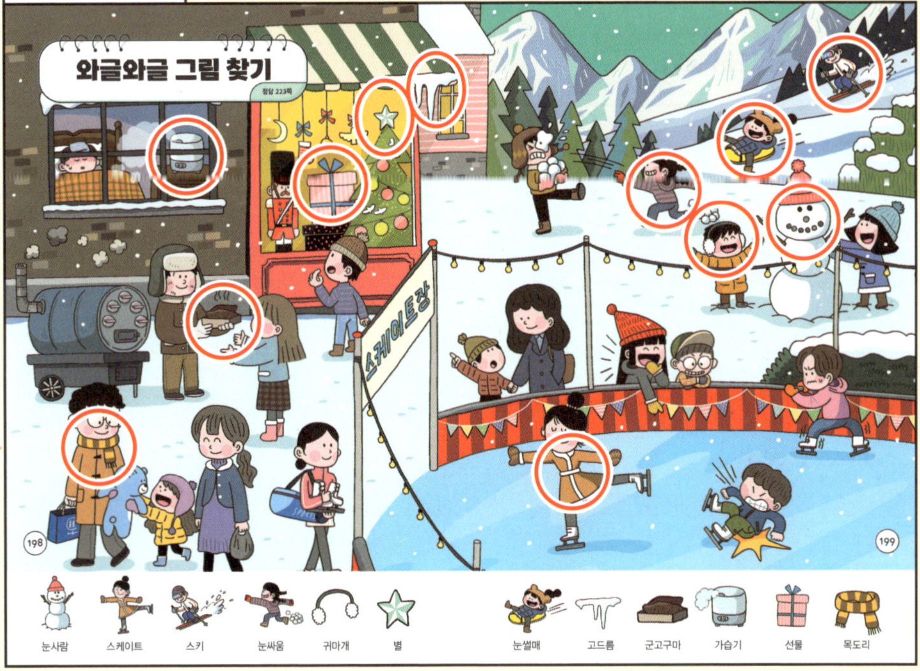

와글와글 그림 찾기

눈사람 · 스케이트 · 스키 · 눈싸움 · 귀마개 · 별 · 눈썰매 · 고드름 · 군고구마 · 가습기 · 선물 · 목도리

212-213쪽

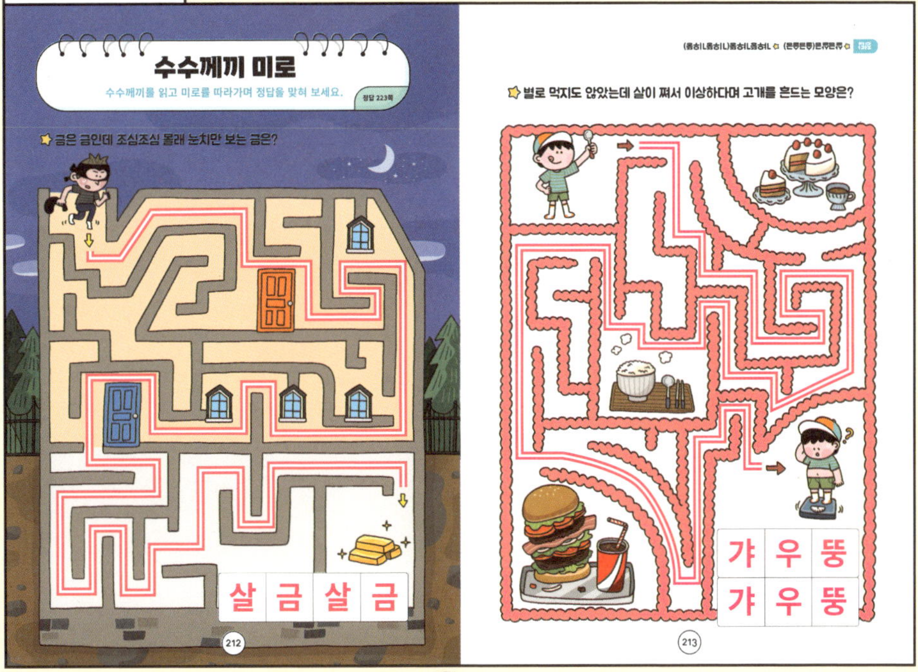

수수께끼 미로

수수께끼를 읽고 미로를 따라가며 정답을 맞혀 보세요.

★ 금은 금인데 조심조심 몰래 눈치만 보는 금은?

살금살금

★ 별로 먹지도 않았는데 살이 쪄서 이상하다며 고개를 흔드는 모양은?

갸우뚱
갸우뚱

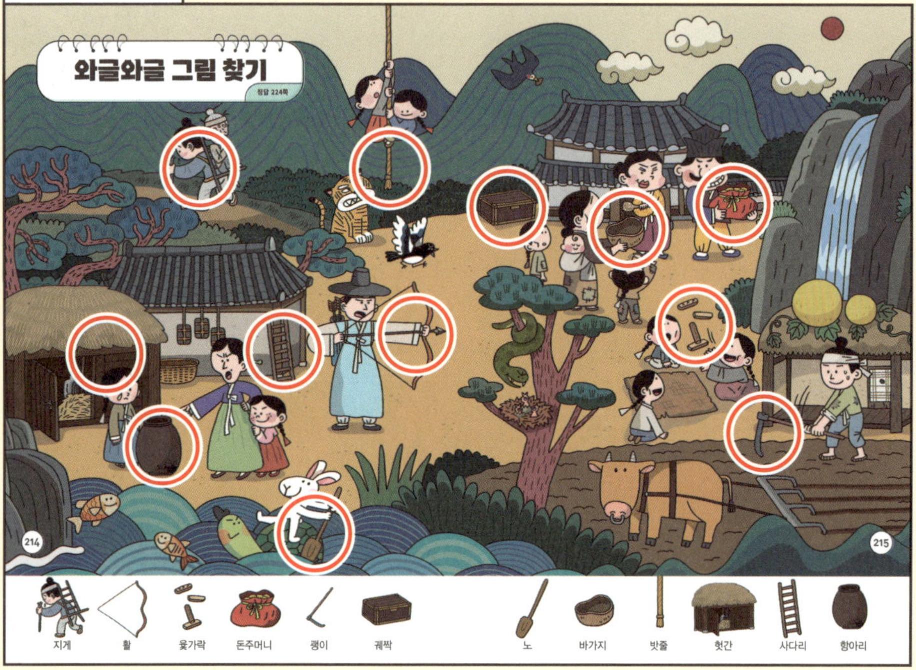